Moriz Wlassak

Zum römischen Provinzialprozeß

SE**V**ERUS
Verlag

Wlassak, Moriz: Zum römischen Provinzialprozeß,
Hamburg, SEVERUS Verlag 2010.
Nachdruck der Originalausgabe, Wien 1919
Der Text wurde den Sitzungsberichten der Akademie der Wissen-
schaften in Wien, Band 190, entnommen.

ISBN: 978-3-942382-53-3
Druck: SEVERUS Verlag, Hamburg, 2010

Bibliografische Information der Deutschen Nationalbibliothek:
Die Deutsche Nationalbibliothek verzeichnet diese Publikation in der
Deutschen Nationalbibliografie; detaillierte bibliografische Daten sind
im Internet über http://dnb.d-nb.de abrufbar.

SE**V**ERUS
Verlag

Die Geschichte des römischen Zivilprozesses ist unter den Kaisern der ersten Jahrhunderte in erheblichem Maße bebestimmt durch die zum Teil ungeschriebenen Regeln, denen die Statthaltergerichte ihr Verfahren anpaßten. Besonders für die römische Spätzeit kommt der Gerichtsübung der Provinzen größere Bedeutung zu als den Ordnungen der alten Hauptstadt, die noch die klassischen Juristen mit Vorliebe zum Gegenstand der Erörterung machen. Auf einen kurzen Ausdruck gebracht geht die Entwickelung in der Prinzipatszeit dahin, das wesentlich private Recht der Republik und der Augusteischen Gesetzgebung durch einen rein staatlichen, die Parteienwillkür überwindenden Prozeß zu ersetzen.

Die Erkenntnis, daß ein Unterschied bestand zwischen dem Gerichtsverfahren der Stadt Rom und dem der Provinzen, ist in der gelehrten Literatur unserer Tage ziemlich allgemein verbreitet. Worin aber der Unterschied zu suchen sei, darüber fehlt es durchaus an klarer Anschauung und klarer Wortfassung. In früheren Jahren war ich bemüht, in mehreren Schriften den halb privaten, neben amtlicher Zulassung auf einem Parteienvertrag ruhenden und von amtlosen Bürgern zu entscheidenden Prozeß der Stadt Rom in den Grundzügen darzustellen. Der Verlockung, demnächst auch das provinziale Gegenbild zu beschreiben, widerstehe ich heute um so lieber, als ich dazu weder die nötigen Mittel noch die nötige Kraft zu haben glaube. Beabsichtigt ist auf den folgenden Blättern bloß eine Erörterung einzelner, besonders kennzeichnender Eigenschaften des Formelverfahrens der Provinzen, ferner der Ladung durch Streitansage und des Kontumazprozesses.

Auch dabei aber liegt mir die Anmaßung fern, mehr bieten zu wollen als ein paar Vermutungen, die nach meinem Ermessen etwas Wahrscheinlichkeit in sich tragen. Ausgegangen ist die Anregung zu dem hier gewagten Versuche von dem

neuerdings stark vermehrten Quellenstoff, den uns Ägypten geliefert hat. Allein selbst der reiche Zufluß von Papyrusurkunden
hat doch bisher keine Quellengrundlage geschaffen, die ausreichend wäre für die Gewinnung sicherer Ergebnisse.

So liegt allerdings der Einwand nahe: weshalb trotzdem
eine derzeit noch verfrühte Untersuchung unternommen ist?
Indes glaube ich diesen Vorwurf mit Erfolg abwehren zu können.
Denn nicht selten wird wissenschaftlicher Fortschritt schon an-
gebahnt durch richtige, zweckdienliche Fragestellung. Ebenso
förderlich kann es sein, wenn gewisse Lösungen wenigstens als
möglich, andere als ausgeschlossen erkannt sind. Und selbst
ganz verfehlte Antworten, die von der Kritik als solche erwiesen werden, mögen zuweilen Nutzen stiften, indem sie das
Gebiet verkleinern helfen, über dem vorher volle Dunkelheit
lagerte.

I.

Das Geltungsgebiet des Formularverfahrens in den Reichsprovinzen.

Die erste Frage, die erwogen werden muß, betrifft die
örtliche Verbreitung des Formelprozesses. Kommt er in allen
Provinzen zur Anwendung, oder gibt es Ausnahmen von der
Regel?

Sehr bekannt ist die Sonderstellung von Ägypten, die,
von Augustus begründet, unter anderem in dem Mangel eines
senatorischen Statthalters ihren Ausdruck findet (Tac. Hist. 1,
11). Auch im Bereich des Prozeßrechts scheint das Land der
Ptolemäer trotz der Römerherrschaft abseits zu stehen. Denn
in der großen Menge schon veröffentlichter Papyri prozessualischen Inhalts ist noch kein [1] einziges Zeugnis zutage gekommen,

---

[1] Eine Zeitlang war man geneigt (so selbst noch J. Partsch, der in seiner
Inauguraldissertation 1905 von Formeln der Senatskommissare spricht),
die Weisungen des Beamten an den Unterrichter mit der römischen
formula gleichzustellen oder doch Verwandtschaft anzunehmen. Sehr
mit Unrecht. Die *concepta verba* sind ein Vertragstext der Parteien und
werden zwischen ihnen bindend durch die Streitbefestigung. Für den
Privatrichter erhalten sie erst durch ein anderes Schriftstück Bedeutung:
durch das amtliche *iussum iudicandi*, das die beigegebene Formel zur
Vorschrift für den Urteiler erhebt. Dagegen sind jene Weisungen an

das die Geltung des römischen Formularverfahrens erweisen
würde.

Ein Bedenken freilich soll nicht verschwiegen werden.
Wie wir seit kurzem wissen,[2] hatte auch Ägypten ein Juris-
diktionsalbum, das der *praefectus Alexandreae et Aegypti* öffent-
lich ausstellte. Die Annahme aber, daß es, wie die Gerichtstafeln in Rom, neben Edikten auch Prozeßformeln enthielt, ist
weder selbstverständlich noch irgendwo besonders beglaubigt.
Waren die Formulare im stadtrömischen Album ihrer Haupt-
bestimmung nach Hilfsmittel für die angreifende Partei, um ihr
das erste und das in Jure wiederkehrende *actionem edere* zu
erleichtern,[3] so dürfte für Ägypten am ehesten an eine Tafel
ohne Prozeßformeln gedacht werden.[4] Und sollte der Präfekt
dennoch Formulare proponiert haben, so könnte es immerhin
ihres privatrechtlichen Inhalts wegen geschehen sein, den man,
sei es auch in seltsamer Fassung, den Rechtsuchenden nicht
vorenthalten wollte.

den Unterrichter, die im (zweigeteilten) Kognitionsprozeß vorkommen,
ein Amtsdekret und vom Willen der Parteien ganz unabhängig. Sie
sind lediglich ein ergänzendes Stück des auch hier unentbehrlichen
Judikationsbefehles. Genauer ausgeführt ist das eben Gesagte in einer
noch nicht veröffentlichten Arbeit über den Judikationsbefehl. Vgl.
einstweilen Wlassak Sav. Z. R. A. 33 (1912), 95 (mit A. 1). 99, 107, 2,
ferner Partsch Schriftformel im Provinzialprozesse 72—78. 121, L. Boulard
Les instructions écrites du magistrat au juge-commissaire 1906, Koschaker
Götting. gel. Anzeigen 1907 S. 810, Mitteis Grundzüge 43, 2.

[2] Die lateinische Urkunde der Papyrussammlung der Universitätsbibliothek
zu Gießen Inv. Nr. 40 (herausgegeben von O. Eger in Sav. Z. R. A. 32,
378 f., auch in Preisigkes Sammelbuch 1 n. 1010) vom J. 249 p. C. bezeichnet in Z. 7 den Praefectus Aegypti Aurelius Appius Sabinus als
Urheber einer *pars edicti*, in der er verspricht, die gesetzlichen Erben
zur *bonorum possessio* zuzulassen. Zu beachten ist ferner Oxy. IX (1912)
n. 1201 (p. 228—30) Z. 11. 17—19 und BGU 140 Z. 24—27; E. Weiß
Studien zu den röm. Rechtsquellen 103 f. — Der Gießener Papyrus
(dazu das Edikt D. 43, 2, 1 pr. und Ulp. l. 2 de off. proc. D. 1, 16, 9, 2)
bestätigt übrigens sehr deutlich meine Auffassung — in den Krit. Studien
(1884) 15 — des Hadrianischen Senatsbeschlusses über Julians Edikt;
vgl. jetzt (1914) E. Weiß a. a. O. 114 ff. 140 f.

[3] Die Anm. in meiner Schrift: Anklage und Streitbefestigung (Wien 1917)
176—178 will zeigen, daß in der klassischen Zeit jedes *actionem edere*
die Formel zum Gegenstand hatte. — Wegen der Zweckbestimmung
der Musterformeln ist auf Cic. p. Q. Roscio 8, 24 hinzuweisen.

[4] Anders Partsch Die Schriftformel im r. Provinzialprozesse 74

Wenn trotz alledem die Benutzung der *concepta verba* im ägyptischen Gerichtsverfahren — vielleicht zwischen römischen Bürgern — nicht ganz ausgeschlossen ist, so steht anderseits die Anwendung des Amts- oder Kognitionsprozesses für die weitaus meisten Fälle außer jedem Zweifel.

Demnach ist der Gegensatz zwischen den Prozeßordnungen der Reichshauptstadt und des Nillandes völlig klar und so auch jede weitere Erörterung an diesem Orte entbehrlich. Damit ist aber keineswegs gesagt, daß hier nun auf die Verwertung der ägyptischen Prozeßurkunden verzichtet werden soll. Ist die amtliche Kognition die Form, der die Rechtsentwicklung überall im Reiche zustrebte, auch dort, wo die *concepta verba* noch in Verwendung waren, so behalten die neuen Quellen aus Ägypten ihre Bedeutung für die hier geführte Untersuchung, besonders insoweit, als es sich um Teile des Gerichtsverfahrens handelt, deren Gestaltung vom Gebrauch oder Nichtgebrauch der Formel unabhängig war.

Außer dem Nilland umfaßt das römische Reich noch eine Reihe anderer Gebiete, denen statt der senatorischen Statthalter vom Kaiser ernannte Präfekten oder Prokuratoren vorstehen. Ob wohl in diesen Provinzen [5] die amtliche Kognition in ähnlicher Weise Alleinherrscherin war wie in Ägypten? Partsch [6] bejaht die Frage, ohne einen Beleg anzuführen. Nicht um diese Entscheidung sicherzustellen, — was kaum möglich ist — doch um ihr eine Stütze zu geben, möchte ich auf Gaius 1, 6 (dazu 1, 2) aufmerksam machen.

Der Jurist zählt die Rechtsquellen auf und will uns sagen, woher das (geschriebene) Amtsrecht stammt? Er antwortet (1, 2): aus den Veröffentlichungen (*edicta*) derjenigen Beamten, welche befugt sind zur öffentlichen Rechtsatzung.[7] Diese Befugnis aber wird in 1, 6 nur den *magistratus populi Romani* beigelegt. Als solche bezeichnet uns Gaius — um von den

---

[5] Mommsen Staatsrecht³ 2, 247 nennt sie ‚annektierte Staaten‘; in ‚früherer Zeit‘ habe man sie nicht eigentlich als Provinzen angesehen; vgl. auch A. Stein Untersuchungen zur Geschichte und Verwaltung Ägyptens (1915) 93—95.

[6] A. a. O. 67. Gleicher Meinung ist Girard Manuel⁵ 1072.

[7] Für diese gebraucht Gai. 1, 6 das Wort *'iurisdictio'*. Auch das in Rede stehende *edicere* ist ein *ius dicere*, d. h. ein vom Einzelfall absehendes Aufzeigen von Rechtssätzen; richtig E. Weiß Studien 107.

Adilen zu schweigen — neben dem Urban- und Peregrinen-
prätor an zweiter Stelle die *praesides*, und zwar die Statthalter
sowohl der Volks- wie der Kaiserprovinzen. Nicht der Ausdruck '*praesides*', der offenbar in weitem Sinne gesetzt ist,[8]
wohl aber die vorher genannten *magistratus p. R.* zwingen uns,
die Provinzialregenten von Ritterrang vom *ius edicendi* auszuschließen.

Während bei den Statthalterschaften, die den Senatoren
vorbehalten waren, die kaiserliche Ernennung das schon vorher
erworbene Imperium zum Wiederaufleben bringt, — wodurch
sich gerade der magistratische Charakter der *legati Augusti p. p.*
rechtfertigt — werden dagegen die lediglich durch kaiserlichen Auftrag berufenen ritterlichen Statthalter niemals zu den
Magistraten gezählt.[9] Mit dem Imperium aber ist ihnen auch
das darin begriffene Gaianische *ius edicendi* versagt, sofern
nicht dem Mangel durch ein besonderes Gesetz, wie wir es für
den Präfekten von Ägypten kennen,[10] abgeholfen ist.

Fehlte aber in gewissen Provinzen das auf dem republikanischen Imperium ruhende Gerichtsedikt, so drängt sich allerdings die Frage auf, ob nicht für diese Gebiete die Geltung
des Formelprozesses zu leugnen sei, weil gerade das prätorische
Album — wie die erhaltenen Reste zeigen — zahlreiche Be-
stimmungen enthielt, wo überall das Verfahren *per concepta
verba* vorausgesetzt war.

Die heutigen Schriftsteller begnügen sich nicht damit, die
untertänigen Länder unter ritterlichen Regenten auszuscheiden.

---

[8] Über den Gebrauch von '*praeses*' s. Mommsen Staatsrecht[3] 2, 240 A. 2. 3,
Hirschfeld Die Verwaltungsbeamten[2] 385 f., Kniep Der Rechtsgelehrte
Gajus 278—283.

[9] Von der Statthalterschaft der Kaiserzeit als Magistratur handelt Mommsen
Staatsrecht[3] 2, 243 f. (dazu 2, 243, 1 über die Ausdrucksweise der Juristen), vom Mangel des magistratischen Charakters der Ritterämter
2, 935 (hier über die praktischen Folgen) und 3 (1887), 557.

[10] S. Ulp. l. 15 ad ed. 506 D. 1, 17, 1, dazu Tac. Annal. 12, 60. War hiernach der ägyptische Präfekt schon unter Augustus ermächtigt, Jurisdiktionsedikte aufzustellen, so verdient doch Gaius 1, 6 nicht den Tadel,
den E. Weiß a. a. O. 106 auszusprechen scheint. Die Regel ist, wie
auch Tac. l. c. bestätigt, aus seiner Darstellung richtig abzunehmen. —
Durch das Augusteische Gesetz erhielt der Präfekt ein *imperium* . . .
ad similitudinem proconsulis.

A. Pernice[11] hat den Anstoß gegeben zu einer weiteren Einschränkung. Der Formelprozeß soll nur in den Provinzen des römischen Volkes, die der Senat verwaltet, Fuß gefaßt haben, nicht in den legatorischen Kaiserprovinzen. Stimmt aber damit Gaius 1, 6 und 4, 109 überein?

In der ersteren Stelle legt der Jurist sehr deutlich allen[12] unterworfenen Ländern, mithin auch den legatorischen *provinciae Caesaris*, Jurisdiktionsedikte bei und läßt durch die Art der Fassung[13] erraten, wie eng er sich das Nahverhältnis zwischen den Provinzialedikten und dem Album der zwei ältesten stadtrömischen Prätoren denkt. Recht fraglich ist es doch, ob er sich so hätte äußern können, wenn wirklich auf den Gerichtstafeln der kaiserlichen Legaten nirgends Prozeßformeln und Regeln über den Formeltext zu finden waren.

In der zweiten Stelle (4, 109) spricht Gaius vom imperialen Formelprozeß schlechtweg '*in provinciis*', ohne — was er bei einiger Genauigkeit hätte tun müssen — die Arten: ob senatorisch oder kaiserlich zu unterscheiden.

Dem Eindruck, der sich aus den Äußerungen von Gaius ergibt, läßt sich freilich die Tatsache entgegenhalten, daß es bisher nicht gelungen ist, ein verlässiges Zeugnis für den Gebrauch von Prozeßformeln in den Kaiserprovinzen nachzuweisen. So sehr dieser Umstand Beachtung verdient, so wird er doch

---

[11] Festgabe f. G. Beseler 76, ohne entscheidende Belege beizubringen. Die eingehendste Untersuchung hat Partsch a. a. O. 63—69. 96 geliefert. Keines von den benutzten Zeugnissen stellt m. E. einen einwandfreien Beweis her. Seither ist eine Verschiedenheit des Prozeßrechts der Senats- und der Kaiserprovinzen öfter gelehrt worden, so von Pernice Sav. Z. R. A. VII. 1, 106, Girard Manuel[5] 1072 (zurückhaltend), Boulard Instructions 2 f. Anm. 1, Wenger in Pauly-Wissowa R. E. VI, 2868, Wilcken Arch. f. Pap. F. 4, 216, Koschaker Translatio 28. 29 mit A. 3, R. von Mayr Röm. Rechtsgeschichte (Göschen) IV, 49.

[12] Wenn der Schlußsatz von 1, 6 als einzige Ausnahme hervorhebt: *hoc edictum* (nämlich das der Kurulädilen) *in his* (d. h. Caesaris) *provinciis non proponitur*, so sind damit offenbar die anderen Edikte sämtlichen unter magistratischer Verwaltung stehenden Provinzen zugesprochen.

[13] Man beachte die Ausdrucksweise in 1, 6: *amplissimum ius est in edictis duorum praetorum, ... quorum in provinciis iurisdictionem praesides eorum habent,* und nochmals: *in edictis aedilium curulium, quorum iurisdictionem in provinciis p. R. quaestores habent.* Über den Sinn von '*iurisdictio*' s. oben S. 6 A. 7.

nahezu aufgewogen durch den gar nicht seltenen Übergang der
Gewalt vom Senat auf den Kaiser und von diesem auf jenen.[14]
Soll sich denn jedesmal mit dem Wechsel der Regierung eine
tiefgreifende Änderung der Prozeßform verknüpft haben?[15]
Diese Folgerung wird schwerlich jemand hinnehmen wollen.

Für die senatorischen Provinzen steht die Geltung des
Formelverfahrens noch in der Zeit der Antoninischen Kaiser
unangreifbar fest. Am emsigsten gesammelt sind die ein-
schlägigen Belege von Josef Partsch (1905), dessen Dissertation
(S. 59 ff.) allerdings in beträchtlicher Zahl Zeugnisse aufgenommen hat, die entweder zweifellos ein öffentliches Verfahren über
Sachen öffentlichen Rechtes betreffen, oder die wir wenigstens
mit gutem Fug ebenso auf die zweigeteilte Kognition wie auf
den Prozeß *per concepta verba* beziehen dürfen.[16] Indessen
bietet ein einziger Text aus den Gaianischen Institutionen
(4, 109) vollgültigen Ersatz für ein Dutzend oder mehr Nachrichten, die wir besser über Bord werfen:

---

[14] Man vergleiche bei Marquardt Staatsverwaltung[2] 1, 489 ff. (in der Über-
sicht der Provinzen) die Rubrik 'Administration'.

[15] Was Plinius ad Traian. 58 berichtet, muß Partsch a. a. O. 61. 63 von
seinem Standpunkt aus als Ausnahme betrachten. Über Plinius als Statthalter s. Mommsen Hist. Schriften 1, 430—33, Marquardt a. a. O. 1, 352.

[16] Im Widerspruch mit Partsch 55, 4. 5 weise ich die Multsachen der
L. col. Genet. c. 125. 128. 129. 130—132 (dazu c. 95) und der L. Malac.
c. 58. 62. 67 dem öffentlichen Prozesse (ohne Formel und Streitbefestigung) zu, und ebenso den sizilischen Zehntstreit (Partsch 98 bis
102). [Eine Andeutung meiner Ansicht findet man schon in der Sav.
Z. R. A. 25 (1904), 138, 2; die Ausführung ist in der oben S. 5 A. 1
erwähnten Abh. gegeben.] Sodann kann ich in der L. Malac. c. 69
durchaus keine ,sichere Spur der Schriftformel' erblicken (Partsch 62);
vgl. Mommsen Hermes 16 (1881), 34, 2 = Jur. Schr. 1, 185, 1 (dessen
Auffassung allerdings geschwankt hat; s. Jur. Schr. 1, 335 u. Staatsrecht
3, 625, 3). Anders als Partsch halte ich ferner weder 'iudicem' und
'iudicium dare' noch die 'recuperatores' für untrügliche Kennzeichen des
Verfahrens *per concepta verba*. So bleibt es mir — um ein Beispiel zu
nennen — zweifelhaft, wie weit durch die Lex Rupilia (Cic. in Verr.
II, 2, 32) der Gebrauch von Prozeßformeln vorgeschrieben war. Un-
verläßlich scheint mir auch Frontins 'ius ordinarium' zu sein, wenn es
für Afrika den Formelprozeß erweisen soll (Partsch 59. 60, 1); denn es
zeigt bei diesem Schriftsteller, der es auffallend häufig verwendet, nur
den Gegensatz zur 'ars mensoria' an (s. Grom. Lachmann p. 52 = Corp.
agrimens. ed. Thulin 1 p. 45).

Ceterum potest ex lege quidem esse iudicium, sed legitimum non esse;[17] *... nam si verbi gratia ex lege Aquilia vel Ollinia vel Furia in provinciis agatur, imperio continebitur iudicium; ...*

Legitim oder imperial heißen, wie Gai. 4, 103—107 dartut, nur Prozesse in Privatsachen, die unter den Parteien mittels 'Annahme' einer, zugleich das Spruchgericht bestimmenden *formula* begründet werden.

Aus 4, 109 aber lernen wir, um das Mindeste zu sagen, die Auffassung kennen, die in den Rechtsschulen — m. E. vor allem in Rom — über das örtliche Geltungsgebiet des klassischen Formelprozesses gang und gäbe war. So unangebracht es wäre, die Worte des Lehrbuchs zu pressen, so wenig liegt doch der geringste Grund vor, den Kern der Nachricht zu verwerfen.

Handelt Gaius a. a. O. vom *agere in provinciis,* so hat er als Gerichtsleiter ohne Zweifel bloß Reichsbeamte und wohl nur Magistrate *populi Romani* im Auge, nicht Prozesse vor städtischen Obrigkeiten, die ja, soweit sie auf römischer Lex data ruhten, die freie Amtsgewalt ausschlossen und so auch den Namen nicht vom Imperium haben konnten.[18] Ferner will der Jurist mit dem Ausdruck '*in provinciis*' nicht notwendig alle beherrschten Länder befassen; doch wäre seine Darstellung allerdings irreführend, falls sich die Statthalter nur sehr weniger Provinzen des Imperialprozesses bedient hätten. Hingegen würde man es wieder leicht begreifen, wenn ein römischer Jurist bloß an Streitsachen dächte, die unter den Parteien wenigstens éinen römischen Bürger aufweisen.

---

[17] Dazu Wlassak Prozeßgesetze 2, 20 ff.; Sav. Z. R. A. 28, 127 f.

[18] Vgl. meine Prozeßgesetze 2, 224—26. 226—32. Bestätigt ist meine Deutung jetzt durch die Gaiusparaphrase von Autun 100: *... imperio continentia iudicia, quia imperio praetoris vel praesidis continentur.* Wenn wir vorher im selben § lesen: *quia imperio eius continetur, a quo concipitur,* so ist das letzte Wort entweder verschrieben (st. *praecipitur*) oder aus einer Entstellung dessen, was Gai. 4, 106 sagt: *... quamdiu is qui ea praecepit imperium habebit,* hervorgegangen. — Daß der Umschreiber von Autun (im 5. Jh.) die Zweiteilung der *iudicia* nur deshalb als etwas Gegenwärtiges vorträgt, weil er diese Zeitform im Urtext vorfand, brauche ich kaum besonders zu betonen.

II.

**Die Verstaatlichung des provinzialen Formelprozesses. —
Statt der Volks- und Privatrichter amtlich beauftragte
Unterrichter.**

Nach diesen einleitenden Bemerkungen soll nun zunächst
die Frage erörtert werden, inwieweit sich im Gerichtsverfahren
der Provinzen Abweichungen vom stadtrömischen Muster ent-
wickeln und behaupten konnten, ohne daß dem Prozesse das
Gepräge und der Name eines *agere (litigare) per formulas* ver-
loren ging.

Ist das klassische Verfahren im ganzen — wie Pernice[1]
gezeigt hat — weder durch ein Gesetz Diocletians noch vorher
durch irgendeinen Kaisererlaß beseitigt, so kann nur an einen
allmählichen, zuerst in den Provinzen einsetzenden Verfall gedacht werden, der bald das eine bald das andere wesentliche
Glied zum Absterben brachte, während der verbleibende Rest
sich noch keineswegs mit dem Prozesse *extra ordinem* decken
mußte.

Am wenigsten widerstandsfähig mochte sich in den Provinzen ein wichtiger, von der Republik überkommener Begriff
erweisen: die *iurisdictio* oder — was dasselbe ist — das Imperium, soweit es der Rechtspflege zugewandt war.

Nun fragen wir, was der Inhalt jenes altrömischen Be-
griffes war? Ob er nicht erheblich abweicht von dem, was
wir heute 'Gerichtsbarkeit' nennen? Und ob er sich in den
Jahrhunderten der Kaiserherrschaft unverändert erhalten hat?

Wie jetzt wohl allgemein gelehrt wird, hatte der stadtrömische Magistrat die unbedingte Pflicht,[2] private Streitsachen, für die er nicht vorweg den Prozeß denegiert, der Entscheidung eines von ihm zugelassenen, von den Parteien
ermächtigten Schiedsmannes zu überweisen. Mithin fehlte im

---

[1] Festgabe f. G. Beseler 77. 78; Sav. Z. R. A. VII. 1, 103 ff. Zustimmend
u. A. Girard Manuel[5] 1073, Wenger Pauly-Wissowa R. E. VI, 2867—70.

[2] Näheres darüber in meinen Prozeßgesetzen 2, 328 ff.; dazu Girard Or-
garnisation jud. 1 (1901), 79 (mit A. 1). 81 f.; Manuel[5] 21.

12   Moriz Wlassak.

römischen Imperium[3] gerade dasjenige Recht, in dem wir heute
den Kern der Richtermacht erblicken. Nicht dazu war der

---

[3] Sicher im Imperium der republikanischen Magistrate. War es anders
in der Urzeit, erstreckte sich also die königliche Amtsgewalt auch
auf die Urteilsfällung? Cic. de re p. 5, 2, 3 und Dionys IV, 25. 36;
X, 1 legen allerdings diese Annahme nahe. Von heutigen Gelehrten ist
namentlich Girard Organisation jud. 1, 22, 1 u. 77, 1. 81 f.; Manuel[5]
21, 1 nicht abgeneigt, dieser Überlieferung zu folgen (s. auch Jörs
R. Rechtswissensch. 1, 48, Wlassak Prozeßgesetze 2, 333), obwohl er
deren ‚geschichtlichen Unwert‘ zugesteht. Dagegen will Hartmann-
Ubbelohde Ordo 1, 208 ff. die königlichen Spruchgerichte bei Cicero und
Dionys durchaus wegdeuten. So wenig er damit durchdringen konnte,
so hat er doch treffend aufmerksam gemacht auf den Zusammenhang
der bei Cic. l. c. und sonst (Pomp. D. 1, 2, 2, 1) vertretenen Anschauung,
daß alles Recht von den *reges* ausgehe (*quod ius privati petere solebant
a regibus* sagt Cicero) mit der dadurch geforderten Vollgerichtsbarkeit
in den Händen des Königs; und ebenso richtig hat er auf die Unklar-
heit und die Widersprüche in den Nachrichten der Alten hingewiesen
(ähnlich Bernhöft Staat und Recht 1882 S. 120 f. 228 und selbst Jörs
a. a. O. 1, 50. 4). So schreiben z. B. Cic. de re p. 2, 21, 38 und Liv.
1, 41, 5 dem König bloß ein *ius dicere* oder *iura reddere* zu, nicht anders
als den Beamten der Republik. Gegenwärtig dürften wohl die Stimmen
derer überwiegen, welche jene Berichte als unmaßgeblich beiseite schieben. Im letzten Jahrhundert v. Chr. stand ja längst keine Überlieferung
mehr zu Gebote über den Staat und die Gerichte der Königszeit; vgl.
Rosenberg 'Rex' bei Pauly-Wissowa R. E. 2. Reihe I, 708 f. 711—714.
Wo aber Cic. de re p. 5, 2, 3 das Vorbild für seine *iudicia regia* finden
mochte, das deutet er selbst an, indem er im nächsten Satze den Numa,
den Stifter des Rechtes und der Götterverehrung, als Nachahmer der
hellenischen Könige schildert und so dem altrömischen 'Ordneramt' die-
selben Aufgaben zuteilt, die nach Aristot. Pol. III, 10, 1-1285[b] — dessen
Werk übrigens Cicero nicht benutzt — den Inhalt der βασιλεία der
heroischen Zeiten ausmachen (στρατηγός τε γὰρ ἦν καὶ δικαστὴς ὁ βασι-
λεὺς καὶ τῶν πρὸς τοὺς θεοὺς κύριος und vorher, wo von den Königen
gesagt ist: τὰς δίκας ἔκρινον). Wollten wir dagegen Ciceros ‚Königs-
gerichte‘ als geschichtliche Tatsache gelten lassen, so geraten wir in
fast unüberwindliche Schwierigkeiten. Während sich das *iudicium privatum* der Republik als ein staatlich nur unterstütztes Schiedsgericht
darstellt, hätte Rom in einer noch älteren Epoche schon ein rein staat-
liches Spruchgericht gehabt. Allein glaubwürdig ist nur ein allmäh-
licher Übergang vom ersteren zum letzteren, nicht das Gegenteil. Daher
wird es wohl erlaubt sein, das anstößige Glied in der Entwicklungs-
reihe: die *iudicia regia* als auf unsicherer Quelle ruhend und als äußerst
unwahrscheinlich völlig auszuscheiden. Von Schriftstellern, welche die
hier gebilligte Ansicht vertreten, nenne ich vor allen Mommsen in seinen

Beamte berufen, in Privatsachen Urteile zu sprechen, sondern
das Recht aufzuzeigen (*ius dicere*), sei es allgemein (durch
edictum), sei es für den jeweilig in Verhandlung stehenden
Streit. Im letzteren Fall aber beschränkte sich seine Aufgabe
darauf, die Parteien bei der rechtlichen Ordnung ihres Streit-
verhältnisses — mit Einschluß der Richterwahl — zu unter-
stützen und ferner als Vertreter der Gemeinde die Streitenden
in gewissen Schranken zu halten, soweit es das öffentliche Wohl
erheischte. Das Verfahren in Jure zielt also lediglich ab auf
ein staatlich gefördertes und staatlich überwachtes Privat-
gericht.[4]

Viel reicheren Inhalt hat, wie es scheint schon frühzeitig,
die Gerichtsgewalt der Statthalter erlangt. Wie Ulpian (D. 1, 16,
7, 2), Marcian (D. 1, 18, 11) und Hermogenian (D. 1, 18, 10),
so bezeugt bereits Proculus (D. 1, 18, 12) die Vereinigung aller
in Rom unter mehrere Magistrate[5] verteilten Gerichtsgeschäfte
in der Hand dessen, *qui provinciae praeest.*[6] Darf man wohl

---

jüngsten Werken (Strafrecht 5 mit A. 1: ‚der letzten republikanischen
Epoche angehörige Legende‘; Abriß des Staats-R. 145: ‚weniger auf
Tradition als auf Konstruktion beruhend‘), ferner Lenel (Sav. Z. R. A.
24, 342: ‚Fabel‘; Holtzendorff-Kohler Enzyklop.[7] 1, 318 z. A. 1 S. 339),
Binder Plebs 573 ff., Leifer Einheit des Gewaltgedankens 1914 S. 163 ff.
188 ff. Eigentümlich Wenger Deutsche Literaturzeitung 1916 Sp. 698 f.
— Schließlich noch eine Bemerkung zur Abwehr eines möglichen Ein-
wands. Wenn die älteste Sprache (s. z. B. Cic. de leg. 3, 3, 8 u. 10; dazu
Varro l. l. 6, 61) ‚*iudicare*‘ gebraucht, um die Rechtsweisung anzuzeigen, und die Scheidung von *ius dicere* und *iudicare* späteren Ursprungs
ist (s. Wlassak Prozeßgesetze 2, 53), so nötigt die Gleichheit der Bezeichnung nicht dazu, an eine Vereinigung aller richterlichen Aufgaben
in derselben Person zu denken. Wird doch nach Liv. 3, 55, 11 f. den
Konsuln, die ursprünglich *praetores* hießen, der Name ‚*iudices*‘ erst nach
den Zwölftafeln zuteil (s. aber Mommsen Staatsrecht[3] 2, 77, 2): in einer
Zeit also, die zweifellos schon die Urteilsfällung als Aufgabe der Privatrichter kannte.

[4] Das oben Gesagte lehre ich seit Jahren in meinen Vorlesungen und
Übungen. S. jetzt auch Leifer Gewaltgedanke 188 f. 296, 2, Koschaker
Sav. Z. R. A. 37, 356.

[5] Ulpian und Hermogenian fügen noch die kaiserlichen Hilfsbeamten
hinzu. Wegen des *extra ordinem* (= außerhalb der republikanischen
Staatsordnung) bei Ulpian s. Wlassak Krit. Studien 92 f.

[6] Die Wichtigkeit dieser Tatsache hat besonders Girard Manuel[5] 1072
gebührend hervorgehoben. Doch knüpft er an sie andere Folgen, als

annehmen, daß der Statthalter, der volle Richtergewalt in allen
öffentlichrechtlichen und selbst in Privatsachen hatte, soweit
diese in Rom vor die Konsuln, Spezialprätoren oder Kaiser-
beamten gehörten, sich mit einer wesentlich geringeren Rolle
begnügte, wo er zur Mitarbeit an Prozessen berufen war, in
denen Privatrichter das Urteil finden sollen? Unter gesetzlicher
Gewähr stand — wie wir wissen [7] — die Zulassung eines von
den Parteien zu ermächtigenden Richters nur im stadtrömischen
Bürgergericht; hingegen in den Provinzen war die Gestaltung
des Rechtsgangs dem Imperium überlassen: d. h. dem freien
Ermessen des Statthalters, dessen Handhabung einer Beschränkung bloß durch das Herkommen unterlag, nicht auch durch
Interzessionsrechte gleichgeordneter Magistrate. Die kaiserliche
Aufsicht aber wird sich gewiß in den Provinzen einer Ent-
wicklung nicht widersetzt haben, die darauf ausging, den Privatrichter zum Unterrichter umzubilden oder die Spaltung des
Verfahrens ganz zu beseitigen.

Beides bedeutet, bei Licht besehen, nichts Anderes als die
volle Verstaatlichung der Zivilgerichtsbarkeit. Und für diese
sind die Kaiser von jeher auch in Rom eingetreten, da die
neuen seit Augustus geschaffenen Gerichte ihre Geschäfte ohne
iudices privati erledigten.[8]

ich aus der Überlieferung ableiten möchte. Girard denkt an einen
sofortigen Übergang zu den Formen der *justice administrative* (so bezeichnet er — Pernice folgend — das Extraordinarverfahren), während
ich eine fortschreitende Entartung des Formelprozesses annehme.

[7] Vgl. Wlassak Prozeßgesetze 2, 340—44.

[8] Davon macht vielleicht auch das unter Nerva geschaffene Gericht des
Fiskalprätors (Pomp. ench. D. 1, 2, 2, 32), von dem Plin. paneg. 36
— wie sichs gebührt — etwas überschwenglich handelt, keine Ausnahme (s. auch Pernice Festgabe 78, 1), da es keineswegs zwischen
zwei Privaten Recht spricht. Gegen Mommsens Auffassung des Fiskus
vgl. Hirschfeld Die Verwaltungsbeamten [2] 8 ff., Mitteis Privatrecht 1, 349 f.
Obwohl letzterer den Fiskus richtig als öffentliche Anstalt anspricht,
soll doch die Geltung des Kognitionsprozesses (d. h. eines Prozesses des
öffentlichen Rechts) für Fiskalsachen eine Unterbrechung erlitten haben
in der Zeit von Nerva bis Hadrian (s. Mitteis a. a. O. 1, 364, 37. S. 365,
39, dazu noch S. 368). Unter Traian hätte hier ‚das Geschwornen-
verfahren' oder, wie es Mommsen (Ephem. epigr. II, 150) deutlicher ausdrückt, der 'ordo iudiciorum privatorum' (im Staatsrecht [3] 2, 226 'der
ordentliche Rechtsweg durch erloste Geschworene') Anwendung gefunden. Indes bezeugt Plin. l. c. bloß die Auslosung eines *iudex* (ver-

Was insonderheit die Umwandlung der Privatrichter betrifft, so mußte sie am deutlichsten in zwei Änderungen zutage treten. Während das alte System nur mittelbaren Zwang gegen eine Partei zuläßt, die den vom Magistrat gebilligten Schiedsmann zurückweist und somit den Prozeß vereitelt, räumt das neuere dem Statthalter das Recht ein, den Spruchrichter, als den von ihm allein Beauftragten, ohne Rücksicht auf die Zustimmung der Streitteile zu ernennen. Den Parteien aber bleibt hier bloß die Befugnis gewahrt, im Ausleseverfahren ein begrenztes Ablehnungsrecht auszuüben.

Verschieden ist sodann der Personenkreis, aus dem die eine und die andere Richterart hervorgeht. In Rom waren es immer die höheren Stände, welche die Geschworenen für Zivil- und Strafsachen lieferten. Ähnlich wird man auch in den Provinzen in die Richterlisten der Konvente solche Privatleute aufgenommen haben, die zu den Begüterten und Ansehnlichen gehörten. Dagegen sind als Unterrichter wie in Ägypten so gewiß auch in anderen Provinzen hauptsächlich niedrig gestellte Beamte und Offiziere, wie es scheint ohne Listenzwang, berufen worden.[9]

Die zwei hier angeführten Änderungen hängen innerlich zusammen. Doch müssen sie deswegen nicht gerade zur selben Zeit ins Leben getreten sein. Auch bei einem Richter, der aus der Geschwornenliste genommen ∙ war, konnte der Statthalter

---

mutlich aus einer Dienstliste des Fiskalprätors) und für die private Partei das *licet reicere* (vgl. dazu Lex col. Iul. Gen. c. 95 Z. 27). Beides ist zwanglos vereinbar mit dem zweigeteilten Kognitionsprozeß und genügt anderseits nicht — sowenig wie das schwerlich ernst gemeinte 'in *ius veni, sequere ad tribunal*' — um die Annahme eines *privatum iudicium* zu rechtfertigen. Wegen der *in ius vocatio* in Extraordinar- und selbst in öffentlichen Rechtssachen vergleiche man Kipp Litisdenuntiation 140, Wlassak Anklage 20, 33. Endlich die spanische Bronze aus Italica im CIL II S. n. 5368 (= Bruns Font.[7] 1, 256), spärliche Reste eines Briefes — wie man vermutet — von Traian oder Hadrian, kann nicht etwa mit ihrem ergänzten Texte neben Plinius als zweites Zeugnis für die hier bezweifelte Ansicht benutzt werden. Denn Mommsens (CIL II S. pag. 839) überaus waghalsige Ausfüllung der großen Lücken beruht gerade auf der vorgefaßten Meinung, daß Nerva die Fiskalsachen dem ordentlichen Privatprozeß unterworfen habe.

[9] Seit dem 4. Jh. auch Rechtsvorsteher; s. Mitteis Grundzüge 43, 4, Mommsen Strafrecht 248.

über das Annahmerecht der Parteien hinwegschreiten und ihn endgültig ernennen.

Wie frühzeitig schon die Verdrängung des unerläßlichen Privatrichters in den Provinzen — und keineswegs bloß in den kaiserlichen — begonnen hat, dafür zeugen zwei aufeinander folgende Pandektenstellen, von denen die zweite und jüngere nur eine etwas erweiterte Neufassung der älteren ist. In der ersteren erzählt Julian (l. 1 dig. 5 D. 1, 18, 8):

Saepe audivi Caesarem nostrum dicentem hac rescriptione: ʿeum qui provinciae praeest adire potesʾ non imponi necessitatem proconsuli vel legato eius vel praesidi provinciae suscipiendae cognitionis, sed eum aestimare debere, ipse cognoscere an iudicem dare debeat.

Dem Callistratus (l. 1 de cogn. 1 D. 1, 18, 9) liegt offenbar dieser Juliansche Text vor, wenn er schreibt:

[Generaliter] quotiens princeps ad praesides provinciarum remittit negotia per rescriptiones, veluti ʿeum qui provinciae praeest adire poterisʾ vel cum hac adiectione ʿis aestimabit, quid sit partium suarumʾ non imponitur necessitas proconsuli vel legato suscipiendae cognitionis, quamvis non sit adiectum ʿis aestimabit quid sit partium suarumʾ: sed is aestimare debet, utrum ipse cognoscat an iudicem dare debeat.

Beide Stellen dürfen wir unbedenklich als klassische Zeugnisse werten, da kein [10] Anzeichen auf spätere Einschaltung und — was noch wichtiger ist — nichts auf eine Streichung seitens der Kompilatoren schließen läßt.

Ob es aber Kaiser Hadrian oder sein Nachfolger war, der im Gespräche mit Julian eine Äußerung ‚häufig‘ wiederholte, die der Jurist schon in seinem ersten Digestenbuch anführen konnte, das mag unentschieden bleiben.[11] Jedenfalls müssen jene Unterredungen spätestens um die Mitte des zweiten Jahrhunderts stattgefunden haben.

Was Julian von seinem Kaiser berichtet, wie dieser den oft wiederkehrenden Satz der Reskripte: ʿdu kannst dich an

---

[10] Allenfalls könnte das erste Wort von fr. 9 (*generaliter*) unecht sein; s. aber Wlassak Anklage 12 A. 14.

[11] Für Hadrian stimmt Fitting Alter[2] 26, für Antoninus Pius Appleton Revue hist. de droit XXXIV (1910), 790.

den Statthalter wenden' ausgelegt habe, daraus ist für uns in
mehrfacher Richtung Belehrung zu gewinnen.

Vor allem verneint der Ausspruch des Kaisers still-
schweigend die gebotene Verwendung von Privatrichtern in
Rechtshändeln, für die ein Reskript erlassen ist, das den erwähnten Satz aufweist. Denn in solchen Sachen soll der Statthalter wie befugt so verpflichtet sein, von zwei verstatteten
Verfahrensarten die nach den Umständen des Falles und der
Geschäftslage seines Gerichtes besser geeignete[12] zu wählen.
Entweder soll er die Streitsache durch Eigenkognition erledigen
oder für diese Aufgabe als Vertreter einen Unterrichter ernennen. Das eine wie das andere setzt die Anerkennung voller
Richtergewalt des Provinzialregenten voraus, mag man diese
immerhin — mit Pernice[13] — für eine erst durchs Reskript
verliehene ansehen.

Endlich verwahrt sich der Kaiser bei Julian und Callistratus
nachdrücklich gegen die Annahme einer strengen Pflicht[14] des
senatorischen und kaiserlichen Statthalters, in eigener Person
zu ,kognoszieren', wenn das Reskript lautet: *praesidem adire
potes*.

Wer aber mag sich für die im fr. 8 u. 9 abgewiesene und
gewiß gar nicht naheliegende Deutung eingesetzt haben? Man
geht schwerlich fehl, wenn man antwortet: die Reskriptswerber
in den Provinzen. Diese mochten gute Gründe haben, weshalb
sie der präsidialen Eigenkognition vor der Judikation sowohl
der privaten wie der Unterrichter den Vorzug gaben.

Ob die ausgeschriebenen Pandektenstellen in ihrer Bedeutung für die Geschichte des Provinzialprozesses schon ausreichend gewürdigt sind, wenn wir sie so verstehen, wie es
hier — wesentlich im Anschluß an Pernice — dargelegt ist,
das bedarf noch weiterer Erwägung. Soll wirklich in dem
Satze 'praesidem adire potes' erkennbar auch die Willensmeinung
des Kaisers ausgedrückt sein, dem Statthalter in Sachen des
Ordinarprozesses eine Gerichtsbarkeit zu verleihen, die ihm

---

[12] So verstehe ich die gleichlautenden Schlußworte des fr. 8 u. fr. 9 cit.:
an iudicem dare debeat. Ähnlich wohl Pernice Festgabe 72 z. A. 2.

[13] Ob ich so den Sinn der Darlegung von Pernice Festgabe 72 f. treffe,
das wage ich nicht zu behaupten.

[14] Richtig Ubbelohde bei Hartmann Ordo 1, 521 f., 7.

an und für sich nicht zukommt, und soll sich erst daran die
Folgerung knüpfen, daß die fragliche Streitsache im Kognitions-
verfahren zu erledigen, nicht an Privatrichter zu weisen sei?
Wer die Texte unbefangen prüft, wird m. E. eine so
künstliche Auslegung von fr. 8 u. 9 schwerlich gelten lassen
und wird seinen Widerspruch noch bekräftigen durch den Hin-
weis auf eine befremdende Lücke, welche die kaiserliche Erläuterung der Reskriptsworte aufweist.

Wäre unter Pius der stadtrömische Prozeß mit Privatrichtern in den Provinzen noch in Übung gewesen, so hätte
der Kaiser der Mißdeutung seines Bescheids: 'wende dich an
den zuständigen *praeses*' mit der Bemerkung entgegentreten
müssen, daß ja der Statthalter in Ordinarsachen unbedingt verpflichtet sei, einen Spruchrichter zuzulassen. Statt dessen
sehen wir den Kaiser die Statthaftigkeit der amtlichen Eigenkognition voraussetzen wie eine ausgemachte Sache, wobei dem
Statthalter nur — erhobenem Zweifel gegenüber — das Recht
gewahrt wird, die Judikation unter Umständen auf einen Vertreter abzuwälzen.

Trifft diese Auffassung zu, so wäre der Privatprozeß nach
stadtrömischem Muster selbst ohne Eingriff eines Reskripts
schon um die Mitte des zweiten Jahrhunderts in den Senats-
und Kaiserprovinzen bloß auf wesentlich veränderter Grundlage zur Anwendung gekommen. Die Statthalter wären durch
den Erwerb voller Gerichtsbarkeit in allen Zivilsachen des
Zwanges ledig geworden, das Urteil einem *iudex privatus* zu
überlassen, und wo sie trotzdem nach freiem Ermessen einen
Spruchrichter beriefen, da hätte dieser seine Gewalt nicht weiter
von den Parteien, sondern bloß vom Oberbeamten abgeleitet.

Abzuwehren sind noch zwei Einwände, die man erheben
könnte. A. Pernice[15] ist geneigt, in weitem Umfang Unverein-
barkeit der Reskripte und der Prozeßformeln anzunehmen. Wer
diese Meinung teilt, würde wohl den von Julian und Callistratus

---

[15] Festgabe 71 ff.; dazu — abschwächend — Sav. Z. R. A. 13 (1892), 284, 2.
Gegen Pernice hat sich Ubbelohde bei Hartmann Ordo 1, 524, 19 erklärt, dem ich — im wesentlichen wenigstens — folgen möchte. Vgl.
noch Bekker Aktionen 2, 197 ff., Mommsen Staatsrecht³ II. 2, 977,
Wlassak Prozeßgesetze 2, 332, 12, Partsch Götting. Nachrichten Phil.-
hist. Kl. 1911 S. 252 f.

bezeugten Zivilprozeß ohne Privatrichter lediglich auf Rechtshändel beschränken, in denen der Kaiser reskribiert hat.

Indes übertreibt man sicher einen richtigen Gedanken,
wenn man das Nebeneinander der genannten Schriftstücke allgemein für unvollziehbar erklärt. Allerdings sind solche kaiserlichen Bescheide, die dem urteilenden Richter Vorschriften
machen, mit der Prozeßformel unverträglich;[16] und Reskripte,
die einwirken wollen auf das in Jure zu begründende Streitverhältnis, können zuweilen eine Sachlage schaffen, die sich
bei keinem der vorhandenen Formelmuster einordnen läßt.
Doch ist es immer nur der besondere Inhalt des Reskripts,
nicht die bloße Tatsache, daß eines erlassen ist, woraus sich
die bezeichneten Schwierigkeiten ergeben.

Wie aber verhält es sich insbesondere mit dem Bescheid:
'*praesidem adire potes*'? Ohne Zweifel wird der Bittsteller damit
vor sein ordentliches Beamtengericht gewiesen. Fraglich nur,
ob dies auch der einzige Inhalt der Antwort ist? Kipp[17] be-
kennt sich offenbar zu dieser Ansicht, da er vom Kaiser sagt:
dieser „gehe auf die Sache selbst nicht ein'. Daß hiernach dem
Gebrauch einer Formel nichts im Weg stehen konnte, ist ohne
weiteres klar. Nicht viel anders aber werden wir auch entscheiden, wenn wir — von Kipp abweichend — aus dem Reskript doch einen bejahenden Inhalt herausholen.

Hätte der Kaiser in der Bittschrift nichts gefunden, was
ein Angehen des Statthalters rechtfertigt, so müßte seine Antwort wohl mehr abweisend lauten; sie müßte dem Bittsteller

---

[16] Anders Ubbelohde (s. A. 15), der keinen Unterschied zwischen dem
Reskript und dem Gutachten eines patentierten Juristen anerkennen
will; s. aber Kipp Quellen[3] 110. Wandte sich ein Jurist respondierend
an den *iudex privatus*, so kann er seinen Rat nur auf Grund einer schon
feststehenden Formel oder allenfalls bedingt erteilt haben. Der Kaiser
aber hätte wohl die Antwort verweigert, wenn er nach der Streitbefestigung gebeten wurde, eine Weisung für den Privatrichter aufzustellen; vgl. aus viel späterer Zeit Konstantin C. Th. 11, 30, 6.

[17] Quellen[3] 76 zur A. 43. Daß der kaiserliche Bescheid lebhaft an das
ἔντυχε (τῷ ἐπιστρατήγῳ) des ägyptischen Präfekten (z. B. P. Oxy. III, 486
Z. 37) und selbst an die ὑπογραφή erinnert: Εἴ τι δίκαιον ἔχεις, τούτῳ
χρῆσθαι δύνασαι (BGU II, 614 Z. 18 f.), will ich nicht in Abrede stellen.
Über die letztere vgl. Mitteis Hermes 32 (1897), 648 und mehr zurückhaltend in den Grundzügen (1912) 39.

etwa sagen: deine Sache ist aussichtslos. Erklärt dagegen das Reskript: ‘*praesidem adire potes*’, so läßt es die Einleitung eines Prozesses mehr oder minder für begründet gelten, — wie sich von selbst versteht — unter der Voraussetzung, daß die Angaben des Bittstellers erweisbar sind. Solche Kürze aber und Unbestimmtheit der kaiserlichen Antwort war just in solchen Fällen am ehesten am Platz, wo für das Begehren des Reskriptwerbers eines der hergebrachten Prozeßmittel, gewöhnlich also eine im Album proponierte Prozeßformel, zur Verfügung stand.

Ein zweiter Einwurf, der denkbar ist, läßt sich mit einigen wenigen Worten abtun. Vielleicht möchte jemand behaupten, der Kaiser habe in den fr. 8 u. 9 nur Rechtssachen im Auge, die in Rom *extra ordinem* erledigt wurden.

Allein dies wäre eine Unterstellung, die gegen alle Wahrscheinlichkeit verstößt, da einer sehr langen Reihe von Rechtshändeln, welche im Formelverfahren verhandelt wurden, eine nur geringe Zahl minder wichtiger Sachen gegenübersteht, die gewissen stadtrömischen Beamten zur Eigenkognition zugewiesen waren. Nun flossen, wie wir wissen, die in Rom getrennten Kompetenzen in der Provinz durchaus in der Hand des Statthalters zusammen. In seinem Gerichte konnten daher die Prozesse über Extraordinarsachen nur eine recht seltene Ausnahme bilden, während doch Callistratus seine Besprechung der Reskriptsworte mit dem Satze einleitet: *quotiens princeps ad praesides provinciarum remittit negotia per rescriptiones* . . . und ebenso Julian deutlich genug darauf hinweist, wie häufig die in der kaiserlichen Kanzlei stehend gewordene Phrase: ‘*praesidem adire potes*’ in den von ihr ausgehenden Bescheiden wiederkehrt.[18] Wer also die beiden Texte nicht vergewaltigen will, darf keine Unterscheidung in sie hineintragen und darf somit das Anwendungsgebiet der fraglichen Reskripte nicht enger begrenzen als den Gesamtbereich der präsidialen Rechtsprechung.

Zu beachten ist dabei noch der Platz, an den die Texte von fr. 8 u. 9 in Julians Digesten und in den libri *de cognitionibus* des Callistratus gestellt waren. In beiden Werken — so

---

[18] Äußerte sich der Kaiser häufig (*saepe*) über die *rescriptio p. a. p.*, so muß sie ein häufiges Vorkommnis gewesen sein.

wenig diese im Inhalt übereinstimmen — finden wir sie im ersten Buche. Lenel bringt in der Palingenesie die Julianstelle als erste eines einleitenden Kapitels, das von ihm 'de iurisdictione' überschrieben ist, und fr. 9 gar an der Spitze aller aus den Kognitionen des Callistratus erhaltenen Bruchstücke. Worüber die Erörterung des näheren handelte, aus der unser Text bei Julian und aus der er bei Callistratus ausgeschnitten ist, das war freilich bisher und ist auch jetzt nicht zu ermitteln. So muß es genügen, zu zeigen, daß sich — wenn auch unsichere — Vermutungen leicht darbieten, die den hervorragenden Platz im ersten Buch erklären und auch gut zu der hier gegebenen Auslegung der Texte stimmen.

Wenn Julian in seinen Kommentar zum prätorischen Album allgemeine Bemerkungen über die Zivilgerichtsbarkeit der Magistrate des Gesamtvolks einschalten wollte, konnte er begreiflich die seit alters notwendige Zweiteilung des Gerichtsverfahrens und die Zuziehung von Privatrichtern nicht unerwähnt lassen. Was aber in Rom und Italien weitaus die Regel ist, das sei — so mochte der Jurist fortfahren — in den Provinzen in der Gerichtsübung der Statthalter vernachlässigt worden und endlich abgekommen. Im Gegensatz zu den stadtrömischen Beamten seien die Provinzialregenten durchaus im Besitz der vollen, die Judikation einschließenden Gerichtsgewalt und daher in der Lage, zwischen Eigenkognition und Abgabe der Sache an beauftragte Richter zu wählen. Gesichert sei dieser den Parteien anscheinend erwünschte Rechtszustand durch die Anerkennung und Förderung seitens der Kaisergewalt. Um die Statthalter gegen Überbürdung zu schützen, habe der zurzeit regierende Kaiser wiederholt erklären müssen, daß die Reskriptsworte 'praesidem adire potes' keineswegs gerade zur Eigenkognition verpflichten.

Von einem durchaus anderen Ausgangspunkt her ist wohl Callistratus dazu gelangt, einen Teil der vorstehenden Bemerkungen Julians samt dem in den Pandekten überlieferten Bruchstück schon in das erste Buch einer seiner Schriften aufzunehmen. Dieses Werk sollte von den ‚Kognitionen‘ handeln, die den Beamten zustehen. Ehe er aber mit der Ausführung begann, mußte er darüber ins reine kommen, was er unter 'cognitio' verstehen wollte, und in welcher Weise der sich hier-

nach ergebende Stoff einzuteilen sei. Die Erwägung, die der
Jurist diesem letzteren Punkte widmet, ist zufällig in den Pandekten 50, 13, 5 pr. (aus lib. 1 cogn.) erhalten. Callistratus
entscheidet sich l. c. für eine Vierteilung. In einer von den
vier Gruppen faßt er die Rechtshändel zusammen, wo *de re
pecuniaria disceptatur.* Hier aber mußte sich dem Verfasser
die Frage aufdrängen, ob unter dieser Rubrik bloß Prozesse
zu besprechen seien, die in Rom die Form der amtlichen
cognitio hatten, oder daneben noch all die Rechtssachen *de re
pecuniaria,* die vor die Statthaltergerichte kamen. Um nun
darzutun, daß man diese letzteren füglich den ‚Kognitionen'
zuzählen könnte, hat vermutlich Callistratus die oben angenom-
mene Ausführung aus dem 1. Buch von Julians Digesten in
die Einleitung zu seinem Werke übertragen. Zu welcher Entscheidung er aber gelangt ist und wohl gelangen mußte, das
kann aus den uns aufbewahrten Überresten seiner Schrift (bei
Lenel 12—27) verlässig erschlossen werden. Sollte aus einem
Werke, das überschrieben war 'de *cognitionibus*',[19] nicht zum
weitaus größeren Teil ein umfänglicher Ediktskommentar werden, so war der Verzicht auf die Darstellung des Provinzialprozesses etwas schlechthin Unvermeidliches.

Billigt jemand die soeben dargelegte, nicht streng erweis-
liche Auffassung von fr. 8 u. 9, so wird er sich der Aufforderung
nicht entziehen können, das so gewonnene Ergebnis mit der
oben S. 10 hervorgehobenen Nachricht bei Gaius 4, 109 in Beziehung zu setzen. Ist der Widerspruch, den die Vergleichung
aufzudecken scheint, auch annehmbar und erklärlich? Gaius
bezeugt imperiale Prozesse, *si in provinciis agatur,* und sein
Lehrbuch ist gewiß nicht älter als die ersten Stücke der Julian-
schen Digesten. Allerdings schließen die Institutionen l. c. in
der Provinz weder das Vorkommen anderer Zivilprozesse neben
den imperialen aus, noch schreiben sie die letzteren gerade
sämtlichen Provinzen zu. Dessenungeachtet müßten wir irre
werden an der oben empfohlenen Deutung von fr. 8 cit., wenn
sie uns zwingen sollte, die Zivilprozesse der Provinzen durchaus als solche zu denken, die keine *concepta verba* verwenden.

---

[19] Paulus hat einen *liber singularis de cognitionibus* geschrieben. Aus den
wenigen Überresten in den Pandekten (bei Lenel Paulus 46—52) ist
der Plan des Werkes nicht zu ermitteln.

Dürfen wir aber diese Folgerung ohne weiteres ableiten aus der Beseitigung des unerläßlichen Privatrichters und aus dem Eintritt, sei es der Selbstkognition des Beamten, sei es der amtlich ernannten Unterrichter? Ist es auch nur im geringsten wahrscheinlich, daß die genannte Änderung für die Behandlung der Ordinarsachen in den Provinzen den völligen Umsturz der bisher gültigen Prozeßgrundsätze mit sich brachte, daß mithin die Ordnung des Formelprozesses schlechtweg ersetzt wurde durch das Recht der klassischen Extraordinarsachen? Und stand endlich für die letzteren, trotz der bedeutenden Unterschiede innerhalb ihrer Gruppe, bereits eine einheitliche Ordnung fest, die sich mühelos übertragen ließ auf die große Masse der Formelsachen?

Man braucht diese Fragen nur aufzuwerfen, um sie entweder sofort zu verneinen oder sie doch bis zu erbrachtem Beweise einstweilen zur Seite zu schieben.

Wenn es aber in den Provinzen schon zur Zeit Julians für Ordinarsachen ein Zivilverfahren gab, das des Privatrichters ermangelt, während ihm die Formel nicht gefehlt haben soll, so ist zur Begründung dieser Annahme unabweisbar die Aufgabe darzulegen, der die *concepta verba* hier zu dienen bestimmt waren.

Zur ersten Einleitung des Verfahrens ,ediert' der Kläger außergerichtlich den Formelentwurf, um dem Gegner die Streitsache und die Art, wie sie verfolgt werden soll, anzuzeigen.[20] Diese Edition wiederholt er sodann notwendig in Jure: schon deshalb, weil auch der Magistrat Kenntnis von dem Rechtshandel erlangen muß. Beides, das erste wie das zweite *edere*, hat keinen unlöslichen Zusammenhang mit der Berufung eines Privatrichters und konnte daher im neueren Provinzialprozeß in der alten Gestalt fortbestehen, mochte auch inmitten des Formeltextes ein '*iudex*' erwähnt sein.

Nicht minder brauchbar waren ferner die *concepta verba* nach wie vor als Mittel der Streitbefestigung, die sich durch das endgültige *edere* und *accipere iudicium* vollzieht. Denn hier bei der Kontestatio sind sie gar nichts Anderes als der Vertragstext, der das Streitverhältnis der Parteien be-

---

[20] Genaueres bei Wlassak Anklage 176, 90.

herrschen soll, nicht etwa daneben noch eine Mitteilung an den Richter.

In éinem Punkte freilich konnte sich die jüngere Provinzialformel mit der stadtrömischen nicht weiter decken. Der einleitende Satz 'Titius iudex esto', der in Rom mit zum Vertragstext der Parteien gehörte,[21] mußte bei der provinzialen Streitbefestigung wahrscheinlich wegfallen, weil jetzt die Einsetzung des Richters nicht wie früher ein Stück der Prozeßbegründung war, sondern als bloß einseitiger Akt des Statthalters, verbunden mit dem Judikationsbefehl, die Kontestatio nur begleitete. Seither konnte der so[22] eingesetzte nicht mehr als *privatus iudex* gelten, gleichviel ob der Statthalter bei der Auslese noch an eine Geschwornenliste gebunden war oder bereits nach freiem Ermessen wählen durfte und hiernach gewöhnlich Unterbeamte oder Offiziere zur Judikation berief.[23]

Zweigeteilt aber war der Amtsprozeß, den wir so einer Gruppe von Provinzen zuschreiben möchten, nach dem Muster des alten *privatum iudicium*[23a]: die Streitbefestigung also bezeichnete, wie in Rom, die Stelle des Einschnitts, an den sich der Szenenwechsel anknüpft. Dementsprechend hatte die kontestierte Formel, sobald sie durch den Judikationsbefehl zur Vorschrift für den Unterrichter geworden war, dieselbe maßgebende Rolle im Rechtsgang *apud iudicem* wie sonst im Prozeß vor Privatrichtern.

---

[21] Meine Lehre in den Prozeßgesetzen 2, 197, 18 (dazu S. 39, 30) ist nicht unbestritten geblieben. Ich halte sie voll aufrecht und verspare die Auseinandersetzung mit den Gegnern, die übrigens selbst wieder wankend geworden sind, für einen anderen Ort. Einstweilen verweise ich nur auf die in den P. G. l. c. angeführten Quellenbelege, auf Girard Manuel[5] 1010, 2 und die weiter unten (S. 25) folgende Anmerkung 25.

[22] Mit auf solche Richter im imperialen Formelprozeß der Provinzen und allgemein auf provinziale Unterrichter beziehe ich das Gutachten von Scaevola und Paulus in den D. 5, 1, 49, 1. Näheres über diese Stelle in der oben S. 5 A. 1 genannten Abhandlung über den Judikationsbefehl.

[23] S. dazu oben S. 15 A. 9.

[23a] So heißt in älterer Zeit nur der Prozeß, der vor Privatrichter kommt, später jedes Gerichtsverfahren de re privata. In diesem letzteren Sinn gebraucht schon Ulpian D. 48, 19, 5 pr. (dazu Wlassak Anklage 58, 14) den Ausdruck und zweifellos Diokletian (Vat. fr. 326, C. 9, 22, 17, 1, C. 9, 35, 7). Für die Spätzeit sind im Gegensatz zu den beamteten 'iudices privati' die Schiedsrichter: so Arcad. Hon. C. Th. 15, 14, 9 (J. 395).

Ist aber das Verfahren, wie es um die Mitte des 2. Jahrhunderts vor manchen Statthaltergerichten in Übung stand, hier richtig geschildert, so darf es zweifellos ein *litigare per concepta verba, id est per formulas* genannt werden, und Gaius durfte es ohne große Ungenauigkeit in 4, 109 als Beispiel eines *imperio continens iudicium* anführen. In der Tat hatte ja die Formel auch in der Provinz — nur mit Ausschluß der parteilichen Richterbestellung — alle die mannigfaltigen Aufgaben zu erfüllen, die ihr im echten *privatum iudicium* zukamen.

Viel weiter vom stadtrömischen Muster entfernt sich der Zivilprozeß in solchen Provinzen und allgemein in solchen Fällen, wo der Statthalter den Rechtshandel völlig der Eigenkognition unterwirft oder ihn umgekehrt gleich im Anfang einem beauftragten Richter zuweist, vor dem dann auch die einleitenden Akte vorzunehmen sind. Die letztere Gestaltung der Gerichtshilfe ist auf Grund der ägyptischen Papyri schon des öfteren erörtert.[24] Dagegen sind, wie es scheint, ein paar Kaisererlasse des C. I., von Severus und Antoninus, niemals dazu benutzt, als Beleg zu dienen für das Vorkommen derselben Erscheinung außerhalb Ägyptens.

Zwei von diesen Reskripten: C. 3, 8, 2 und C. 7, 53, 2 haben ihren Weg zweifellos in eine der Provinzen genommen, da sie den 'praeses' erwähnen; bei dem dritten Erlaß — im C. 3, 1, 2 — läßt sich die gleiche Bestimmung nur vermuten, da der Text keinen Anhalt bietet zur Ermittlung des delegierenden Beamten. In einem Punkte aber stimmen die Antworten der Kaiser völlig überein: alle drei setzen voraus, daß die im Reskript angesprochene Person erst *accepto iudice*[25] das

---

[24] Von Boulard Instructions 32—38, Koschaker Gött. gel. Anz. 1917 S. 812 f. und besonders von Mitteis P. Lips. 1 (1906) S. 121; Sächs. Berichte 62, 117 f. 123; Grundzüge 42. Zu P. Lips. n. 38 col. I Z. 17 f. vgl. noch Mitteis Sav. Z. R. A. 33, 644.

[25] Dieses *iudicem accipere* — wohl zu unterscheiden von dem *iudex inter* ⟨*partes*⟩ *acceptus* bei Julian D. 39, 3, 11, 3; dazu Gai. 4, 104. 109 — ist kein Willensakt des „Nehmenden", sondern lediglich die auf den Beteiligten bezogene Machtäußerung des amtlichen Dekrets, ähnlich dem *tutorem accipere* und *sententiam accipere*. In den obigen Reskripten (zu C. 3, 1, 2 neuestens [1918] E. Levy Konkurrenz 1, 89 f.) ist der Statthalter als der gebieterisch „Gebende" gemeint; bei Papirius l. 1 de const. 8 D. 49, 1, 21, 1 (dazu Ulp. l. 1 de appell. 4 D. 49, 1, 1, 3 und aus viel

agere oder *experiri* beschafft hat oder beschaffen wird. Ohne Zwang dürften diese Worte kaum anders zu verstehen sein als durch die Annahme eines Auftrags an den delegierten Richter, wodurch diesem ausnahmsweise neben der Judicatio auch die Jurisdictio übertragen wird.

Was uns an dieser Stelle allein angeht, das ist die Frage, ob im Provinzialverfahren der eben beschriebenen Art und weiter im Fall der Kognition des selbst urteilenden Statthalters noch Raum war für die klassische Prozeßformel?

Da der Eintritt amtlicher Eigenkognition [26] die Spaltung in zwei Prozeßabschnitte aufhebt, mußte hier der Judikationsbefehl ohne weiteres wegfallen und mit ihm auch die angehängten *verba concepta*. Hingegen bleibt trotz der Eigenkognition des Statthalters die einleitende und die endgültige Edition der Formel ebenso denkbar wie im Fall sofortiger Überweisung des Rechtshandels an einen Unterrichter, gleich

---

älterer Zeit IG VII n. 2225 Z. 55 f. = Bruns Font.[7] 1 p. 170) ist er auch ausdrücklich als solcher genannt. Nachweisbar ist m. W. das willenlose *iudicem accipere* nur da, wo wir an beauftragte Unterrichter denken müssen. Der Privatrichter wird vom Beamten bloß 'zugelassen', 'zugewiesen' (*datur*); fertig eingesetzt ist er erst durch die nachfolgende Annahme (*capere, accipere*) von seiten b e i d e r Parteien. Welche Gestalt diese Annahme im Legisaktionenverfahren hatte, das ist unbekannt (Gai. 4, 15 darf nicht ohne Berücksichtigung von 4, 17ª. 18 gelesen werden!), im Formelprozeß aber war sie sicher eine Erklärung z w i s c h e n den Parteien. — Früher Gesagtes hier zu wiederholen, dazu nötigt Duquesne Translatio iudicii 229 f., 4, der mit seinem Widerspruch gegen Busz Form der Litiscontestatio 55 weit übers Ziel schießt und seine eigene Lehre, derzufolge die Richterbestellung ein Stück der Streitbefestigung ist, arg gefährdet. Seine Behauptung, daß nur *iudicem accipere* von b e i d e n Parteien (oder vom Kläger) ausgesagt wurde, nicht auch *iudicium accipere*, ist unzutreffend. Das Gegenteil beweisen die Stellen in meiner Litiskontestation 28 f. 29, 2 S. 32 f.; Anklage 29. Das von Duquesne neben Gai. 4, 15 besonders betonte Gutachten Papinians l. 2 resp. 420 D. 27, 7, 6 betrifft vielleicht einen in der Provinz abgeführten Prozeß.

[26] Reskripte aus dem 3. Jahrhundert, die für Ordinarsachen die volle Kognition des Statthalters bezeugen, sind gesammelt von Bekker Aktionen 2, 198, 35 und Pernice Festgabe f. G. Beseler 77, 1 f. Auch die meisten von Partsch Schriftformel 111, 3 genannten Stellen gehören hierher. Wegen des *iudex* bei Alex. C. 3, 42, 1 (Pernice 77, 1) vgl. Partsch a. a. O. 116 f.

nach Anmeldung der Sache beim Beamten.[27] Namentlich war die rechtliche Geltung der Formel[28] als Vorschrift für den Prozeß und das Urteil durch den Mangel des *iussum iudicandi* keineswegs beeinträchtigt. Für die Parteien war sie gegeben durch die vollzogene Streitbefestigung; für den Statthalter oder den delegierten Richter aber war eine Art Selbstbindung hergestellt durch das *iudicium dare*: durch die Genehmigung der Formel im beantragten Wortlaut und durch die Zulassung dieses Textes zur Kontestatio.

Mit dem Gesagten sollen zunächst nur Möglichkeiten angedeutet, nicht auch Wirklichkeiten behauptet werden. Weiter aber müssen wir zusehen, ob sich für das frei Vermutete unseren schweigsamen und — wie es scheint — nicht recht zusammenstimmenden Quellen eine halbwegs genügende Grundlage abgewinnen läßt. Gelingt es, eine solche beizuschaffen, so hätten wir für éine Gruppe von Provinzen, zu denen jedenfalls die senatorischen zu zählen wären, ein System anzunehmen, das sich gegensätzlich verhält nicht minder zum privatrichterlichen Prozesse als zum öffentlichen und rein staatlichen, wie er für Privatsachen in Ägypten[29] und wohl noch in anderen Ländern des römischen Erdkreises im Gebrauche war.

Verständlich aber wird der Rechtsgang in den Provinzen der ersteren Art, wenn wir ihn als hybrides Gebilde ansehen, in dem die öffentliche Gerichtsgewalt bereits zu überwiegendem Einfluß gelangt ist, während darin noch erhebliche Stücke des alten *privatum iudicium* fortleben. So sehr man also in den Provinzialgerichten die amtliche Kognition betonen mag, weil sich das Verfahren — nur mit Ausnahme der ersten Vorbereitung — durchaus vor dem Statthalter oder vor dessen ernanntem Vertreter abspielt, so dient doch als Prozeßmittel immer noch die mehrmals zu edierende *formula*; und dem

---

[27] Will man in diesem Fall — zum Überfluß — Richterernennung und Judikationsbefehl noch unterscheiden, so konnte der letztere hier jedenfalls keine Weisungen über die Behandlung der Rechtssache enthalten, da diese erst durch die Edition vor dem Judex näher bestimmt werden soll.

[28] Mit Wenger könnte man sie 'Kognitionsformel' nennen.

[29] Daß hier die ‚Instruktionen' für die Unterrichter mit den *formulae* gar nichts zu schaffen haben, ist oben S. 4 A. 1 schon bemerkt.

Vertrag, den die Parteien, wenn auch mit dem Vollwort des Beamten, abschließen, ist wie früher die Richtschnur zu entnehmen, die maßgebend sein soll für die Abwicklung der Streitsache.

Was nun die Belege anlangt, aus denen die hier beschriebene Gestalt des Provinzialprozesses für Ordinarsachen zu erschließen ist, so sind die meisten längst bekannt. Als ergiebigste Quelle scheint sich vor allem Gaius' Kommentar *ad edictum provinciale* [30] darzubieten. Und Pernice [31] führt auch aus diesem Werk eine Reihe von Stellen an, in denen ,deutlich der Geschwornenprozeß vorausgesetzt' sei. Wirklich außer Zweifel gestellt ist aber durch Gaius [32] nur die Verwendung der Prozeßformel, und zwar jedenfalls für prokonsularische Provinzen. Ob der häufig erwähnte 'iudex' noch unter Kaiser Pius (oder Marcus?) aus einer Liste von Volksrichtern auszuwählen war, das ist kaum festzustellen. Unwahrscheinlich ist es nicht, da die klaren Zeugnisse [33] für das Vor-

---

[30] Unergiebig für Fragen des Prozeßrechts ist der Kommentar des Callistratus (Lenel n. 54—73). Daß dieser Jurist das Provinzialedikt als Vorlage benutzte, vermutet Lenel Pal. 1, 96, 4 und ihm folgend Wolfgang von Kotz in Pauly-Wissowa R. E. Suppl. III (1918), 227 f.

[31] Festgabe 75 mit den A. 5—7. Nicht alle diese Stellen sind durchaus echt. Doch wird dadurch ihre Beweiskraft in der oben erörterten Sache nicht beeinträchtigt.

[32] Den Lösungen der Gaiusfragen, die Kniep (Der Rechtsgelehrte Gajus 1910) vorträgt, stehe ich kritisch gegenüber. M. E. kommentiert Gaius nicht das Edikt einer einzelnen Provinz, sondern eine stadtrömische Vorlage, die bloß das für sämtliche und für alle Provinzen Brauchbare enthielt und den Statthaltern vielleicht durch ein Senatuskonsult vorgeschrieben war (s. aber oben S. 5 A. 2 a. E.). Vgl. auch, aus jüngster Zeit, das etwas unbestimmt gefaßte Ergebnis der 'Studien' (130 f.) von E. Weiß. Der von Gaius häufig genannte *proconsul* (daneben: 'praetor') verbürgt die Geltung des erläuterten Rechtes zum mindesten in den Senatsprovinzen.

[33] CIL X n. 5393: ... *praef. fabr. i(ure) d(icundo) et sortiend(is) iudicibus in Asia* (darnach ist X n. 5394 ergänzt) aus der Zeit des Tiberius, Plin. ad Traian. 58, 1 (Bithynien); dazu für Asien Dio Chrysost. orat. (Dindorf) 35 (433/34 M.). Aus späterer Zeit sind mir unzweideutige Nachrichten über Geschworene in den Provinzen nicht bekannt. Als solche können m. E. auch die bei Partsch Schriftformel 114—120 angeführten — von denen der Verf. selbst die meisten anzweifelt — nicht gelten. Wo diese Stellen einen *iudex* erwähnen, ist überall der Unter-

kommen von ‚Geschwornen‘ außerhalb Italiens bis in die Regierungszeit Traians reichen. Dagegen lassen uns die *libri ad edictum provinciale* über den Vorgang der Bestellung des *iudex* leider im Dunkeln. Um zu bestimmen, ob der Spruchrichter die Eigenart eines privaten oder eines bloß vom Statthalter ernannten *iudex datus* hatte, dazu fehlt im genannten Kommentar jeder Anhalt.

Wie soll also der Beweis geführt werden, daß die Prozeßformeln noch lange in Wirksamkeit geblieben sind, nachdem die privaten und — falls im Leben diese Erscheinung je vorkam — auch die aus Geschwornenlisten genommenen,[34] jedoch vom Statthalter allein bestellten Unterrichter ihre Rolle ausgespielt hatten?

Im absolut regierten Römerreich Diokletians und Konstantins I. gibt es, wie niemand zweifelt, keine Volksrichter [35]

richter gemeint. Anzeichen, die auf Volksrichter deuten, kann ich nirgends — auch nicht in den Gordianschen Erlassen — anerkennen. Insbesondere sind die Konventsrichter bei Ulp. l. 5 de off. proc. 2175 D. 5, 1, 79, 1 gewiß nicht *iudices privati,* da ihnen gegenüber amtliche Rechtsbelehrung — sei sie auch erbeten — unbefugte Einmischung wäre. Anderseits ist durch BGU I n. 19 col. II Z. 11 ff. (= Chrestom. S. 95) gerade für amtlich beauftragte Konventsrichter eine Rechtsbelehrung von seiten des ägyptischen Präfekten (im J. 135 n. Chr.) festgestellt und hiermit auch der Sinn von fr. 79, 1; vgl. Wilcken Arch. f. Pap. F. 4, 387, E. Weiß Sav. Z. R. A. 33, 236 ff., Steinwenter Münch. kr. Vtljschr. 52, 69. Daß aber Ulp. l. c. Antworten der *praesides de facto* mißbilligt, versteht man leicht, wenn er Volldelegationen (s. Mitteis Sächs. Ber. 62, 122 f.; Grundzüge 40. 43) im Auge hat. — Wie ich C. 3, 8, 2, C. 7, 53, 2 (gegen Mitteis Reichsrecht 133, 4, Girard' Manuels 1072, 5, Partsch 117) auslege, das ist schon oben auf S. 25 f. gesagt. Auch die schwierige c. 7 C. 3. 36 (Gord.) verstehe ich anders als Cujaz und Partsch 118; nicht von zwei zur Wahl gestellten Rechtsmitteln, sondern nur vom Erbteilungsverfahren. Die Worte ꞌ*eius rei disceptator constitutus*ꞌ sind wahrscheinlich interpoliert und vielleicht an unrichtiger Stelle eingesetzt. Endlich ꞌ*aditus*ꞌ würde ich sowohl in c. 7 cit. wie in C. 3, 36, 16 durch das ebenfalls handschriftlich überlieferte ꞌ*addictus*ꞌ ersetzen.

[34] S. oben S. 15 f. u. S. 24.

[35] Für Rom ist das Dasein der Volksrichter (*iudices ex quinque decuriis*) durch inschriftliche Zeugnisse (CIL XI n. 1926 n. 1836) bis in die Zeit der Severe gesichert, obwohl dies Mommsen Staatsrecht III¹, 539, 1 nicht recht wahr haben will; vgl. aber Hartmann-Ubbelohde Ordo 1, 363, 43, Ubbelohde-Glück Pand. Ser. 43. 44 II, 539, Mitteis Reichsrecht 133, 4.

mehr und um so weniger einen Judex, der von den Parteien,
nur mit dem Vollwort des Beamten, bestellt wird. Hingegen
stammt der bekannte Kaisererlaß (im C. 2, 57, 1), der die Verwendung der Prozeßformeln [36] verbietet, erst von den Söhnen
Konstantins (aus dem J. 342).

Wie viel Zeit zwischen dem Untergang der Geschwornen-
gerichte und dem Verbot der Formeln liegt, darüber können
die Meinungen auseinandergehen. Sehr wahrscheinlich ist die
Zwischenfrist für Italien erheblich geringer anzusetzen als für
die Provinzen.[37] Jedenfalls aber haben wir für die Zeit vor
Constantius das Dasein eines Prozesses *per concepta verba* festgestellt, der keinen *iudex privatus* verwendet, und der die
Eigenkognition des Beamten zuweilen durch Berufung von
Unterrichtern ersetzt, die nicht aus Geschwornenlisten gewählt
wurden.

Damit ist für die Diokletianisch-Konstantinsche Epoche
eine Gestaltung des Formelprozesses erwiesen, die nach der
oben dargelegten Vermutung schon den Provinzialordnungen
des zweiten und dritten Jahrhunderts zuzusprechen wäre.

Übrigens ist das Verbot des Constantius durchaus nicht
die einzige Nachricht, aus der sich ergibt, daß die Formel den
privat- und volksrichterlichen Prozeß überlebt hat. Von Diokletian haben wir im Codex — 8, 38, 3 u. 4, 49, 4 — zwei
Reskripte, beide aus dem J. 290, die der taxierten *condemnatio*
als Formelteils gedenken. Mag man selbst die erstgenannte
Stelle ihrer unklaren Ausdrucksweise wegen preisgeben, so
kann doch die zweite nur mit Hilfe von Gaius 4, 51 und demnach nur so verstanden werden, wie sie längst Dernburg [38] und
O. Lenel [39] gedeutet haben.

Dem Reskriptswerber Mucianus antworten die Kaiser:

Si traditio rei venditae iuxta emptionis contractum procacia
venditoris non fiat, quanti interesse compleri emptionem fuerit

---

[36] Vgl. Wlassak Prozeßgesetze 2, 61 f., 6.

[37] Man vergleiche die Zeugnisse in A. 35 (S. 29) mit den in A. 33 (S. 28)
angeführten.

[38] Kritische Ztschr. (Heidelberger) 1 (1853), 474 f.

[39] Edictum² 149 mit A. 3, wo ausdrücklich das Bedenken abgewiesen ist,
daß um das J. 290 p. C. ‚Kondemnationsanweisungen cum taxatione
nicht mehr hätten vorkommen können‘.

arbitratus praeses provinciae, tantum in condemnationis taxationem deducere curabit.

Sicher unzulässig ist es, mit A. Hefke[40] in den Schlußworten bloß die Ankündigung zu finden: der *praeses* werde auf die Interessesumme verurteilen. Vielmehr sagen die Kaiser: der Statthalter werde zuerst nach freiem Ermessen das Erfüllungsinteresse des Klägers in Geld abschätzen,[41] und hierauf werde er dafür sorgen (*curabit*), daß eben diese Summe als Grenze gelte für die Kondemnationsanweisung. Ein 'curare' aber wird dem *praeses* hier beigelegt, weil ihm nur die Überwachung des Formeltextes zusteht, während der Inhalt der *concepta verba* erst durch die Kontestatio der Parteien, die das 'deducere' herbeiführt,[42] zu rechtlicher Wirksamkeit gelangt. Sehr möglich ist es, daß die Kaiser dabei wie selbstverständlich die Ernennung eines Unterrichters voraussetzten.[43] Doch bleibt immerhin die Fassung des Reskripts auch dann erklärlich, wenn an die Eigenkognition des Statthalters gedacht ist.

In der Erfüllung ihrer wichtigsten Aufgabe: den Parteien als Mittel der Streitbefestigung zu dienen, ist die Formel durch einen Brief Diokletians an Aurelius Eusebius (im C. 4, 52, 3[44]) ausdrücklich bezeugt:

[40] Bedeutung und Anwendungen der Taxatio (1879) 29.

[41] Anscheinend durch das 'fuerit arbitratus' geleitet, läßt Lenel a. a. O. (s. oben A. 39) den Mucianus erst während des Prozesses eine Beschwerdeschrift an die Kaiser richten, weil der Präses ‚seine (des Klägers) Taxatio zu stark ermäßigt habe'. Allein diese Auslegung findet im Texte des Reskripts keinen Anhalt. Womit aber nicht geleugnet sein soll, daß die amtliche Festsetzung der Höchstsumme regelmäßig eine Herabsetzung der klägerischen Schätzung enthalten mochte.

[42] Deutlicher wäre das Passivum 'deduci'. Doch möchte ich hier keine kompilatorische Änderung vermuten. Eher könnte der unklare Schlußsatz von C. 8, 38, 3, 1 justinianisch, und der Eingriff veranlaßt sein durch eine im echten Text vorgefundene Hinweisung auf die Formel, die man austilgen wollte.

[43] Diokletians Erlaß (im C. 3, 3, 2), der die Verwendung der *pedanei iudices* einschränkt, ist um vier Jahre jünger als C. 4, 49, 4.

[44] P. Krüger will diese Stelle mit dem Reskript im C. 4, 49, 8 vereinigen, welches an denselben Aurelius Eusebius gerichtet ist. Hiernach wäre c. 3 cit. aus dem J. 293.

Falso tibi persuasum est communis praedii portionem pro indiviso, antequam communi dividundo iudicium dictetur, tantum socio, non etiam extraneo posse distrahi.

An dem Beweiswert dieser Stelle wird sich nicht rütteln lassen. Einerseits ist das Diktieren der *concepta verba* als klassische Kontestationsform völlig gesichert;[45] anderseits ist auch der Deutung des Diokletianschen 'iudicium dictare' auf das vorbereitende *actionem edere* ein Riegel vorgeschoben. Wer das klassische Gerichtsverfahren kennt, kann keinen Augenblick schwanken, wenn gefragt wird, mit welchem Ereignis in Rom das Verbot der Veräußerung des in den Teilungsprozeß gezogenen Gegenstands verknüpft war. Die fast selbstverständliche Entscheidung ist denn auch für das Erbteilungsjudizium besonders überliefert[46] und müßte, selbst wenn wir den Erlaß Caracallas im C. 3, 37, 1 nicht hätten, unbedenklich auf den Prozeß *communi dividundo* übertragen werden. Nun ist allerdings der Schlußabsatz der eben angeführten c. 1 (*hoc videlicet — possit*), der das Gesagte klärlich bestätigt, seiner Fassung nach sicher Tribonian zuzuschreiben.[47] Allein unecht ist jener Satz doch nur als Anhängsel des Antoninischen Reskriptes, das er gegen Mißverständnis schützen will; seinem Inhalt nach entspricht er zweifellos ebenso dem klassischen wie dem justinianischen Rechte.

Noch zwei andere Kaiserreskripte sind uns erhalten aus den J. 293 und 295, die den Rechtsgang unter Diokletian als Formelprozeß erkennen lassen. Das ältere (Vat. Fr. 312)[48]

---

[45] S. die Belege in meiner Litiskontestation 49 f.

[46] S. Papinian l. 7 quaest. 134 D. 10, 2, 13, Paul. l. 23 ad ed. 381 D. 10, 2, 25, 6. Über den sehr einleuchtenden Grund des Veräußerungsverbots handelt Bachofen Ausgewählte Lehren (1848) 83, Francke Hereditatis petitio (1864) 53. Der Papiniansche Text lautet allgemein; der Jurist hatte vielleicht b ei d e Teilungsprozesse im Auge. Ohne einen Grund anzugeben erklärt Beseler Beiträge 2, 19 die zwei klassischen Stellen für interpoliert. Diocl. C. 4, 52, 3 scheint er übersehen zu haben.

[47] So Beseler a. a. O. 2, 19, P. Krüger CIC II⁹, 144, 18.

[48] Der handschriftliche Text läßt manches zu wünschen übrig. Statt *firmulam* ist ohne weiteres *formulam* zu schreiben. Bedenken aber erregt das auf 'formulam promissam' unmittelbar folgende 'quasi nullas vires ....' Ob dazwischen nicht eine Anzahl von Wörtern ausgefallen ist? Das den Schluß bildende 'praeses sententiam ferre curabit' führt auf den Ge-

kommt hier weniger in Betracht, weil es einer *formula promissa*,[49] d. h. einer im Album versprochenen und darin durch
ein Muster vertretenen Formel wesentlich deshalb gedenkt, um
auf die Rechtsgrundsätze hinzuweisen, die für den begutachteten
Fall maßgebend seien.

Das jüngere Reskript, dessen Text aus dem Hermogenianus
stammt und uns heute in der Consultatio 5, 7 vorliegt,[50] kenn-
zeichnet die Einleitung und Begründung des für Ordinarsachen
bestimmten Prozesses — offenbar im Gegensatz zum Verfahren
extra ordinem[51] — als ein *petere ordinatis actionibus*; verlangt dann vom Kläger die Vorweisung eines genau der Wirk-
lichkeit des Einzelfalls angepaßten Prozeßplans (*cogitur specia-
liter genus litis edere*) und verknüpft mit dem *plus petere* (bei
der Kontestatio) die Rechtsfolge des Streit- und Sachverlustes.

Mit welchem Worte wir die den *actiones* von den Kaisern
beigelegte Eigenschaft, ‚ordiniert‘ zu sein, im Deutschen am
treffendsten wiedergeben, ob wir von Aktionen reden sollen,
die nach einer feststehenden ‚Regel‘ eingerichtet sind, oder
besser: die vor dem Einzelprozeß schon ‚abgefaßt‘, demnach
im wesentlichen vorher fertig gemacht sind, diese Frage kann
hier ohne Schaden offen bleiben.

Dagegen sollte man füglich mit der Behauptung nicht
länger zurückhalten, daß die *ordinatae actiones* des Reskriptes
gar nichts Anderes sein können als die alten Prozeßformeln.
Verhindert war diese Erklärung bisher durch zwei Vorurteile.
Einmal durch die falsche Gleichsetzung des Privatrichter- und
des Formelprozesses, womit notwendig eine Verkürzung der

---

danken, daß der Statthalter einen Unterrichter bestellen soll. Anscheinend von dieser Erwägung ausgehend ersetzen Mommsen und die
jüngeren Herausgeber das überlieferte *iure* durch *indicem*.

[49] Dasselbe Rechtsmittel führt Diocl. im C. 4, 49, 17 als *actio* (im Urtext
vielleicht ‚*formula*‘) *promissa* an; vgl. besonders Lenel Edictum² 419 f.
Eine sehr beachtenswerte Auslegung des ganzen Reskripts der Vat.
fr. 312 gibt Ubbelohde-Glück Pand. Ser. d. B. 43. 44. V, 20 ff.

[50] Durch Fehler der Abschreiber entstellt (s. Lenel Sav. Z. R. A. 15, 388 f., 2)
und vermutlich auch sonst nicht durchaus in der ursprünglichen Gestalt. Die *pluris petitio aestimatione* hat schon Mitteis Jherings Jahrb.
39 (1898), 159, 2 beanständet. Ebenso verdächtig erscheint mir die
breite Lehrhaftigkeit in einem Reskript aus Diokletians Kanzlei.

[51] Vgl. Wlassak Anklage (1917) 176, 90, dazu S. 224, 8.

Lebensdauer des letzteren gegeben war, und ferner durch die irrige Annahme eines durchgreifenden und plötzlichen Umsturzes der alten Ordnung, an deren Stelle ohne weiteres das klassische *extra ordinem* getreten sei. Wer sich aber von diesen Hemmungen befreit hat, wird die Beweiskraft des Reskriptes der Cons. 5, 7 nicht geringer einschätzen als die der vorher genannten Kaisererlasse.

Besondere Beachtung verdient noch in der Cons. 1. c. das zweimal erwähnte *genus litis edere*. Dieser Ausdruck bezeichnet, wenn nicht allein so jedenfalls neben der endgültigen, die vorläufige Mitteilung des Formelentwurfs. Mithin wäre jetzt alles, was die *concepta verba* im klassischen Prozesse zu leisten hatten, auch für die Regierungszeit Diokletians genügend bezeugt. Das größte Gewicht aber müssen wir begreiflich auf die Formel als Mittel der Streitbefestigung legen und darum entschieden die Ansicht zurückweisen, daß 'die Formel im Prozesse der Spätzeit nur die Formulierung des Antrags des Klägers war'.[52]

Das Gerichtsverfahren unter Diokletian und den nächsten Nachfolgern bis zum Kaisererlaß vom J. 342 ist an diesem Ort lediglich um deswillen erörtert, weil von ihm aus Schlüsse zulässig sind auf den unmittelbar aus den Quellen schwer[53] erkennbaren Provinzialprozeß des 2. und 3. Jahrhunderts.

Eines dürfte jetzt feststehen. Das *per formulas litigare* hat in und außerhalb Italiens die klassische Epoche beträchtlich überdauert. Doch ist allerdings der Prozeß, auf den sich Diokletians Reskripte beziehen, recht verschieden von dem stadtrömischen, wie ihn Gaius schildert und noch die severischen Juristen voraussetzen, weil er des privaten und des Volks-

---

[52] So Partsch in den Götting. Nachrichten Ph.-hist. Kl. 1911 S. 253 nach dem Vorgang von Bekker Aktionen 2, 359, dem sich auch Wenger in Pauly-Wissowa R. E. VI, 2869 anschließt.

[53] Läßt sich vielleicht das sehr bekannte Reskript von Sev. u. Anton. vom J. 202 im C. 3, 9, 1 u. C. 2, 1, 3 hier als Zeugnis verwerten? Es handelt, wie ich an anderem Orte (Anklage 175 ff.) gezeigt zu haben glaube, soweit es echt ist, gewiß vom Formelprozeß. Daß es einem Provinzialen erteilt wurde, ist in hohem Grade wahrscheinlich; und, wenn es für eine Provinz bestimmt war, so darf man fast für sicher behaupten, daß dort im J. 202 Volksrichter nicht mehr tätig waren. Allein bewiesen ist doch der Zusammenhang des Reskripts mit der Provinz noch keineswegs.

richters [54] entbehrt. Die jüngere Art aber: das verstaatlichte Formelverfahren ist schwerlich erst entstanden, nachdem das alte System im Stammland Italien erloschen war. Vielmehr

---

[54] Wie Plinius und Dion von Prusa zeigen (s. oben S. 28 A. 33), wurden auf den Provinzialkonventen (nicht auf den ägyptischen) die Spruchrichter noch unter Traian aus Geschwornenlisten genommen. Nun hatten die Provinzen vermutlich neben den wandernden auch ständige Gerichte, in der Residenz des Statthalters, die außerhalb der Konventszeiten Recht sprachen, ähnlich wie es in Rom für gewisse Sachen eine Jurisdiktion gab, die nicht beschränkt war auf die Zeit: *cum res aguntur* (s. Pauly-Wissowa R. E. I, 332—34), und wie für Alexandrien von Wenger Rechtshist. Papyrusstudien 102. 155 und Wilcken Arch. f. Pap. F. 4, 390. 393. 396 (der auf P. Oxy. III, 486 = Mitteis Chrestom. S. 65 ff. hinweist) Gerichte vorausgesetzt sind, die außerhalb des Konventes tätig waren (vgl. auch P. M. Meyer zu P. Hamb. I n. 4 S. 15, Steinwenter Versäumnisverf. 47, 1 S. 78 ff. 83 f. 90). Fragen aber darf man, ob die Statthalter auch für solche Sachen jederzeit Volksrichter zur Verfügung hatten? Sollte etwa hier der Ursprung zu suchen sein für die Bestellung der Unterrichter aus der Zahl der niederen Beamten? Bestätigt wird m. E. das Dasein von ständigen Provinzialgerichten durch die bekannte Äußerung von Theophilus 3, 12 pr., daß einstmals δικαστήρια *ordinaria* solche Gerichte waren, die nur zur Zeit des Konventes stattfanden. Daraus dürfen wir unbedenklich für dieselbe Epoche δικαστήρια *extraordinaria* erschließen, obwohl Theophilus — im Anschluß an seine Vorlage I. 3, 12 pr. — die letzteren, welche ἐν παντὶ καιρῷ γυμνάζονται, erst einer späteren Zeit zuschreiben will. Beseitigt ist die gedachte Unterscheidung der Gerichte durch die Zerschlagung der großen Provinzen und die Aufhebung der Konvente unter Diokletian. Dadurch wurden — wie es l. c. unpassend ausgedrückt ist — die δικαστήρια allgemein ‚extraordinär'; m. a. W. die nur zu gewissen Zeiten tätigen Wandergerichte verschwanden und wurden durchaus ersetzt durch seßhafte und (grundsätzlich) ohne Unterbrechung zugängliche Gerichte. Wenn dann Theophilus mit der Abschaffung der Konventsgerichte auch den Untergang der *bonorum venditio* verknüpft, so scheint mir der Zusammenhang gar nicht rätselhaft zu sein. Haltbar war die genannte Einrichtung, welche die Anwesenheit kapitalskräftiger Spekulanten fordert, in der Weltstadt Rom und in den Konventstädten mit ihrem Jahrmarktstreiben, wo nach der Schilderung von Dion l. c. viel buntgemischtes Volk zusammenströmte, nicht aber in den dünn bevölkerten Residenzorten der Statthalter. — Die Literatur über den röm. Provinzialkonvent s. bei Wilcken a. a. O. 4, 366, 1. — Wie sich der Theophilinische Begriff der *iudicia ordinaria* zu dem von der heutigen Wissenschaft bevorzugten der Turiner Institutionenglosse (*Ordinaria indicia sunt quae formulis verborum continebantur*) verhält, ist rasch gesagt. Der erstere ist der provinziale, der zweite der stadtrömische.

dürfte es längere Zeit neben diesem in Übung gewesen sein,
u. z. vor den Statthaltergerichten vieler Provinzen.

III.

**Die provinziale Ladung durch Streitansage. — Zwei
Arten: die private und die amtliche Zustellung der De-
nuntiation. — Amtliche oder halbamtliche Ladung als
Voraussetzung des Kontumazprozesses.**

Die vorstehende Erörterung will eine Eigentümlichkeit,
die der Rechtsgang *per concepta verba* vor den außeritalischen
Reichsbeamten aufweist, wahrscheinlich machen. Voller Beweis
war freilich nicht erreichbar und soll keineswegs für erbracht
gelten. Vielleicht aber gelingt es Anderen, in der gewiesenen
Richtung weiter vorzudringen, vielleicht auch, meine Vermutung
überzeugend zu widerlegen. Indes wird, wie ich hoffe, selbst
im schlimmsten Fall die hier gegebene Anregung nicht ohne
Nutzen sein.

Wer in einer Darstellung des Gerichtsverfahrens auf die
zwei stadtrömischen *iudicia* der Klassiker (das legitime und
das prätorische) sofort den wesentlich anders gearteten Reichs-
prozeß der Spätzeit folgen läßt, legt sich selbst verzichtendes
Schweigen auf über den Ursprung der dazwischen liegenden
tief greifenden Umbildungen. Eine dieser Änderungen mußte
etwas genauer begründet werden, weil die ihr gewidmete Erörterung einen neuen Typus ins römische Prozeßrecht einführt,
und weil damit gezeigt werden sollte, daß der privatrichterliche und der Formelprozeß — zwei Begriffe, die man bisher
meistens zusammenfallen ließ — in der Rechtsgeschichte der
Kaiserzeit auseinandergehen. Im Folgenden möchte ich die
Aufmerksamkeit noch auf andere Wandlungen lenken, die ebenfalls recht erheblich sind. Dabei aber soll nur das Wesentliche
betont und der einschlägige Quellenstoff keineswegs erschöpft
werden.

Ob das italische System der Privatladung vor die Orts-
obrigkeit, zu dem Zweck, um in wichtigeren Sachen durch
ein *vadimonium Romam* die Übertragung des Prozesses vor ein
hauptstädtisches Gericht zu erzielen, schicklich in die Provinzen
verpflanzt werden konnte, deren ,ordentliche' Gerichte unseßhaft

und unständig waren:[1] diese Frage ist schon 1865 von Bethmann-Hollweg[2] gestellt und sofort verneint worden. Nach den reichen Aufschlüssen, die uns seither die Papyri über das Gerichtsverfahren in Ägypten gebracht haben, darf vielleicht der Versuch nochmals erneuert werden, der gemeinhin als unglaublich verworfenen[3] Nachricht des Aurelius Victor, De Caesaribus 16, 11 zu dem ihr gebührenden Ansehen zu verhelfen.

Nach der Erzählung dieses Schriftstellers — aus der Zeit des Constantius — hätte Kaiser Marcus die Vadimonien beseitigt und die Prozeßeinleitung durch Streitansage eingeführt. Damit scheint nun freilich der Inhalt der spätklassischen Schriften nicht vereinbar zu sein.[4] Allein der Widerspruch verschwindet, wenn wir die Reform unter Marcus auf die Provinzen beschränken.

Einerseits ist aus den Juristenschriften, wie sie uns überliefert sind, über das Provinzialrecht der Prozeßeinleitung kaum etwas zu ermitteln.[5] Anderseits ist es eine leicht begreifliche Ungenauigkeit des Aurelius Victor, daß er die örtliche Begrenzung der Prozeßreform nicht hervorhebt: deshalb begreiflich, weil zu seiner Zeit das von ihm erwähnte Provinzialrecht längst auch stadtrömisches Recht geworden war.

Die gewichtigste Unterstützung aber wird dem vielfach nicht ernst genommenen Geschichtschreiber aus einem Quellen-

---

[1] Zur Erläuterung diene das in der vorigen Anmerkung (S. 35) Gesagte.
[2] Zivilprozeß d. gem. Rechts 2, 200 f. Von ähnlichen Erwägungen wie Bethmann-Hollweg dürfte Girard Manuel[5] 1002, 1 u. 1075 ausgehen.
[3] Zuletzt (1914) von Steinwenter Studien z. röm. Versäumnisverfahren 163.
[4] Vgl. Kipp Litisdenuntiation 175—182, Samter Nichtförml. Gerichtsverf. 104—109, Steinwenter a. a. O. 163, 3 f.
[5] Auch nicht aus Ulp. l. 5 de off. procons. 2175 D. 5, 1, 79 pr. Die Beziehung dieser Stelle auf den Konvent hat Lenel richtig erkannt. Doch durfte er dem Juristen als echten Text nicht eine *in ius vocatio* unterschieben, da zu ersetzende *viatica* wohl erst für die Reise nach der Konventstadt in Betracht kamen, während jene Ladung den Gegner nur vor das Ortsgericht führen konnte. Daher wird man statt Lenel zu folgen noch eher bei dem überlieferten 'in indicium vocasse' ('zum Prozeß aufrufen' durch Streitansage; vgl. Wlassak Prozeßgesetze 2, 43 A. 42) stehen bleiben. Wahrscheinlicher aber ist mir die Tilgung eines geradezu auf den Konvent hinweisenden Wortgefüges (ad conventum vocasse?). — Mit Lenel stimmt H. Erman Recueil inaugural de l'Université de Lausanne (1892) 115 f. überein.

kreise zuteil, der von ihm und von dem er völlig unabhängig
ist. Aus den Eingaben, die in Prozeßsachen an die Strategen
der ägyptischen Gaue gerichtet wurden, weist Mitteis[6] für die
Zeit vom Ende des ersten bis ins dritte Jahrhundert p. C. eine
παραγγελία nach, die — vom Kläger[7] ausgehend, jedoch vom

---

[6] Sächsische Berichte 62 (1910) 67—69. 83—85; Grundzüge 36 f., dazu
Chrestomathie S. 65 f., Steinwenter a. a. O. 74 ff.

[7] Als ‚Denunzierender‘ wird m. E. bei der Streitansage in Privatsachen
— mit Zwangswirkung für den Gegner — fast immer der Kläger selbst
angesehen, auch in Ägypten, mindestens in allen Fällen, wo der Stratege — nachweisbar seit 99 n. Chr. — die Zustellung der Parangelie
vermittelt, indem er sie δι᾿ ὑπηρέτου ausführt. Nicht also der Stratege
‚denunziert‘, sondern er vollendet nur durch amtliche Mithilfe die wesentlich vom Kläger ausgehende Ladung. Gegenteiliger Ansicht ist allerdings P. M. Meyer P. Hamb. I n. 29 S. 124 f. S. 125, 1, der sich wohl
irreführen ließ durch Mitteis Grundzüge 36 f. u. 40, wo ein bloß stilisti-
scher Gegensatz der älteren und jüngeren Parangelie allzu scharf betont
ist. — Mit der provinzialen Ordnung, die sich im 2. Jahrhundert n. Chr.
nicht auf Ägypten beschränkt haben wird, stimmt das Recht der Streitansage nicht völlig überein, wie es die klassischen Schriften für die
Stadt Rom — zunächst als Eigentümlichkeit des Kognitionsverfahrens —
bezeugen und wie es vielleicht noch unter Domitian (im J. 94 — so
P. M. Meyer) auch im Land der Papyri im Gebrauche war (s. P. Hamb.
I n. 29 Z. 22—26, wo die Worte ταβέλλας ἐσφράγι[σα] auf eine *privata
testatio* hinweisen). Abzuleiten ist die Ladung des klassischen *extra
ordinem* ohne Zweifel aus dem *ius vocandi* der Imperienträger (Gell. 13,
12). Je nach der Art aber, wie die Vorforderung ins Werk gesetzt wird:
ob sie *denuntiatione, litteris* oder *edicto* geschieht (s. Bethmann-Hollweg
Zivilprozeß 2, 774), ist der Anteil verschieden, den der Beamte und den
der beikommende Private an der Ausführung hat. Wo der letztere ein
Unfreier ist, wie im Fall des S. C. Rubrianum (Ulp. D. 40, 5, 26, 7. 9),
da liegt freilich die *evocatio*, ohne Rücksicht auf die gewählte Form,
durchaus in der Hand des Beamten; doch ist dies wohl nicht die Regel.
Nur das aufrufende Edikt ist eine ausschließlich amtliche Sache. Schon
bei der Ladung *litteris* wird, wie die Vat. Fr. 162 f. zeigen (dazu P.
Lond. II n. 196 Z. 4—6 S. 153, P. Giss. I n. 34 = Mitteis Chrestom. S. 84),
die Mitwirkung der beteiligten Partei in Anspruch genommen. Noch
erheblicher ist die Rolle des Klägers bei der dritten Form: bei der
denuntiatio. Hier nehmen die heutigen Gelehrten sogar — über das Ziel
schießend — einen lediglich privaten Akt an. Auch Steinwenter
a. a. O. S. 18, 3. S. 20—22. 25 f. tritt ihnen bei, will aber überdies eine
‚offizielle‘ Denuntiatio anerkannt wissen. Als Belege für die ‚nicht
amtliche‘ Streitansage führt er an: Ulp. de excus. Vat. Fr. 156, Ulp.
l. 15 ad ed. 520 D. 5, 3, 20, 11 und Paul. de sept. iud. 43 D. 5, 2, 7.
Die erste Stelle scheidet hier aus, weil sie sich nicht auf Zivilprozesse

Beamten zugestellt — eine Ladung des Gegners zum Konvent des Präfekten einschließt.

(*iudicia*) bezieht (vgl. Kipp Litisden. 180, auch Sav. Z. R. A. 28, 50 f., 3); die zweite (mehrfach interpoliert!) handelt vom Ärarial- oder Fiskalprozeß und beweist jedenfalls, daß die *denuntiatio* nicht von der richterlichen Obrigkeit ausgehen mußte. Um so weniger wird dies für die Kognition in Privatsachen anzunehmen sein. Die Schlußworte des § 11 cit. sind allem Anschein nach auf Delatoren gemünzt (so Francke Hered. petitio 240 f., Siber Sav. Z. R. A. 29, 59, 3 — *quicumque ergo fuit qui denuntiavit, nocebit* will vielleicht sagen: auch wenn der Denunziant ein Delator war, der dann nicht als Kläger zugelassen wird, sei die *bona fides* des Besitzers doch als beseitigt anzusehen). Das wertvollste Zeugnis ist ohne Frage das dritte. Bei Paulus l. c. ist die Denuntiationsladung zum extraordinären Querellprozeß unzweifelhaft eine Handlung des Klägers ('*si ea fecerit*' — grundlos von A. Faber verdächtigt). Durfte sie aber dieser lediglich aus eigenem Recht vornehmen wie eine *in ius vocatio*? Diese Frage wird kaum einer bejahen wollen, der erwägt, daß die Ladungsdenuntiatio mit den *litterae* und dem *edictum* zusammengehört (so im S. C. Iuventianum D. 5, 3, 20, 6 d), daß sie Ulpian im Kommentar zum Rubrianum als eine der drei Formen prätorischer *evocatio* namhaft macht, und daß sie, von Privaten ausgeführt, auch in öffentlich-rechtlichen Prozessen zugelassen war (so D. 5, 3, 20, 11). Wie also löst sich die Schwierigkeit? Nach meinem Ermessen bedurfte jede (zwingende) Streitansage, die ein Privatmann vollziehen will, obrigkeitlicher Ermächtigung; jede solche *denuntiatio* war m. a. W. *ex auctoritate* (dazu die Stellen bei Steinwenter a. a. O. 26). Erbeten wurde diese Ermächtigung mittels schriftlicher Eingabe; und gerade diese Tatsache ist durch Paulus l. c. und den dort erwähnten Erlaß des Kaisers Pius sehr schön bezeugt. Wie gut die hier vorgeschlagene Deutung der im fr. 7 cit. zweimal genannten *libelli datio* (die wohl zu unterscheiden ist von den *libelli* in Fr. Vat. 156 und gar nichts gemein hat mit den *libelli* bei Marcian D. 49, 1, 7, während sie dem *dare libellum* bei Paulus D. 2, 4, 15 nahesteht) in den Zusammenhang der Stelle paßt, das ist ohne weiteres klar. Wurde aber in Rom die *denuntiatio ex auctoritate* statt von der Obrigkeit vom Kläger ausgeführt, so war es dessen Sache, den Beweis der Ladung durch *privata testatio* zu sichern. Dagegen ist die Denuntiatio selbst, da sie durch ein Vollwort des Gerichtsbeamten bestärkt wird, kein bloßer Privatakt, sondern, wenn nicht amtlich, so jedenfalls halbamtlich zu nennen. Ungefähr dasselbe gilt auch für Ägypten, wo der Stratege durch Annahme der die Ladung erbittenden Eingabe zur Zustellung (einer Abschrift) der παραγγελία amtlich Nachdruck verleiht (s. auch Mitteis Sächs. Berichte 62 Abs. 2 im § 6 S. 83). Ob noch im 4. Jh. n. C. der Kläger eine besondere Ermächtigung zu jeder *denuntiatio* erhielt, das ist aus P. Lips. I n. 33 vom J. 368 n. C. (= Mitteis Chrestom. S. 60—62) col. II Z. 4 nicht zu ersehen, da sich

Von den prozeßeinleitenden Vadimonien, die wir bisher
kennen, weicht diese Streitansage sehr wesentlich ab. Nicht
die Gestellung des Verklagten an einem bestimmten Tage
(Gai. 4, 184) will sie sichern, sondern dessen Anwesenheit
schlechtweg zur Konventszeit und am Konventsort. So wird
z. B. in BGU 226 (= Chrestom. S. 56) der Stratege gebeten,
den Verklagten wissen zu lassen: παρέσεσται αὐτὸν . . . οὗ ἐὰν
ὁ κράτιστος ἡγεμὼν . . . τὸν τοῦ νομοῦ διαλογισμὸν ποιῆται . . .
und noch genauer in P. Amh. II n. 81 (= Chrestom. S. 59):

das Wort συγχωρηθείς sicherer Deutung entzieht. Hingegen weist dieselbe Urkunde dreimal (II Z. 6. 7. 28) die gewiß aus Rom übernommene
Parangelie ἐξ αὐθεντίας (= ex auctoritate) τοῦ δικαστηρίου auf; nur
gebraucht der Präfekt wie der Vertreter der Klägerin den Ausdruck in
einer engeren Bedeutung: zur Bezeichnung bloß der Kontumazial-
ladung. — Das hier Gesagte steht — wie ich wohl weiß — vielfach
im Widerspruch mit heute anerkannten Anschauungen: nicht bloß mit
der Lehre von Wieding-Baron, sondern auch mit Kipp, Mitteis, Steinwenter und A. Zu genauerer Auseinandersetzung fehlt an diesem Orte
der Raum. Nur folgende Bemerkungen seien noch gestattet. So verschieden die Konstantinsche Streitdenuntiatio von der klassischen ist,
die das Extraordinarverfahren einleitet, so wenig darf — trotz Kipp
Litisden. 142 f. — der geschichtliche Zusammenhang der einen mit der
anderen geleugnet werden (vgl. Girard Manuel [5] 1075, Steinwenter a. a. O.
15). Wie ich vermute, hat auch die alte dreifache Form der Evokation
in der spätkaiserlichen und heute sog. ‚Litisdenuntiatio' fortgelebt.
Endlich scheint es mir irreführend zu sein, wenn man (z. B. Mitteis
Grundzüge 37 u. 40, 2) die amtliche ‚Evokation' in Gegensatz stellt
zu der vermeintlich privaten ‚Litisdenuntiatio'. Wird doch nach
Ulp. D. 40, 5, 26, 9 auch das ausschließlich prätorische evocari vollzogen denuntiationibus et edictis litterisque. Seit dem Anfang des
4. Jh. ist freilich das Recht der Viermonatefrist mit der 'denuntiatio'
(C. Th. 2, 4) verknüpft, schwerlich aber zu irgendeiner Zeit schlechthin
mit jeder prozessualischen Ladung. Nun fragt man mit Fug, welches
das Kennzeichen der Ladung ist, die von der Herrschaft jenes Regel-
rechtes frei war. Mehrere Antworten sind möglich. Mitteis denkt anscheinend an den Text der Evokation, der den Gerichtsbeamten als
Urheber der Ladung bezeichnen mochte. Hingegen sind nach dem
Erlaß vom J. 406 im C. Th. 2, 4, 6 bestimmte, im Gesetz aufgezählte
Streitsachen bevorzugt durch die Beseitigung der ambages denuntia-
tionum. Wie aber in solchen Fällen die Ladung gestaltet war, darüber
ruft das unklar gefaßte Gesetz nur neue Zweifel hervor (s. Kipp Litisden.
301). — Einige Berührungspunkte haben — wie ich glaube — die in
dieser Anmerkung vertretenen Ansichten mit Partsch Götting. Nachrichten
Ph.-hist. Kl. 1911 S. 248—250.

παρεῖται ⟨τοῦτον⟩ [κ]αὶ προσεδρεύειν τῷ β[ήμ]ατι [το]ῦ λαμπρο-
τάτου ἡμ[ῶ]ν ἡγεμόνο[ς], ἔστ' ἄ[ν τ]ὰ πρ[ὸς] αὐτὸν ζητούμενα
πέρας λάβῃ, …

Wenn hier die παραγγελία das προσεδρεύειν τῷ βήματι
verlangt oder, wie es in einer anderen Urkunde (P. Oxy. III
n. 486 Z. 9 f. = Chrestom. S. 66) heißt, das προσχαρτερεῖν τῷ
βήματι, so weisen diese Ausdrücke augenscheinlich auf eine
Rechtsordnung desselben Inhalts hin, wie sie Aurelius Victor
als ius … denuntiandae litis opperiendaeque [8] ad diem ('den
Rechtsstreit anzukündigen und ihn zu einem Tage hin abzu-
warten') auf Kaiser Marcus zurückführt.

Hiernach ist es sicher unzulässig, unseren Geschichtschreiber mit dem Vorwurf zu bekämpfen, er habe das Recht
seiner Zeit fälschlich in ein früheres Jahrhundert übertragen.

Was so für Ägypten durch die Papyri zweifellos fest-
steht, war übrigens schwerlich auf das Nilland beschränkt.
Die Undurchführbarkeit des italischen Systems in Ländern, die
den römischen Konvent [9] und dabei peregrinische Ortsgerichte
hatten, rechtfertigt die Vermutung, daß Einrichtungen, die dem
ägyptischen Vorbild entsprachen, schon vor Marcus auch in
manchen anderen Provinzen vorhanden waren. Der Kaiser
aber wird das Vorgefundene verallgemeinert und genauer ge-
regelt haben.

Wenn er ferner, wie Victor berichtet, durch die Ein-
führung der Streitansage den herkömmlichen Abschluß von
Vadimonien entbehrlich machte (vadimoniorum sollemni [10] re-
moto), so brauchen wir gewiß die letzteren nur soweit als be-

---

[8] Handschriftlich überliefert ist 'operiendaeque', wie jetzt wieder F. Pichl-
mayr (München 1892) bezeugt. Wenn ein Herausgeber des Victor, um
seine Unbefangenheit zu wahren, den Grundsatz: 'jenseits von Sinn
und Unsinn' auch auf die Anmerkungen unter dem Texte erstreckt, so
muß freilich selbst das schlechthin unverständliche 'operiendae' (von
operire abzuleiten!) ungerügt bleiben. S. aber Kipp Litisdenuntiation
171, 3: 'opperiri kommt auch in der schlechteren Schreibung operiri vor'
(ebenso Georges s. v. 'operior').

[9] Gerichtskonvente sind derzeit noch nicht für alle Provinzen nachweisbar; vgl. Kornemann in Pauly-Wissowa R. E. IV, 1175 ff. Wegen der
ständigen Provinzialgerichte s. oben S. 35 A. 54.

[10] Dieses Wort wird zumeist falsch übersetzt; vgl. Wlassak Anklage 213.

seitigt anzusehen, als für sie Ersatz durch die Denuntiation
geboten war.

Infolge der Änderung des außeritalischen Ladungswesens
dürfte sich in den Provinzen auch die Ausdehnung des Kontumazialverfahrens auf Privatsachen aller Art etwas früher
vollzogen haben als in Rom.

Altrömischer Grundsatz war es, die Begründung von Prozessen, die ein privater Bürger entscheiden soll, an die Einwilligung des Verklagten zu binden. Ohne dessen erklärte Zustimmung ist kein Judizium und daher kein Judikat möglich.
Im Prozeß um Schuld setzt sich der Angesprochene schweren
Nachteilen aus, wenn er die Einlassung verweigert; hingegen
unterlag er im Prozeß um Eigen keinem Zwang zur Begründung des Rechtsstreits.

So sehr die Anwesenheit des Verklagten in Jure un-
erläßliche Bedingung war für das Zustandekommen des Prozesses, so wenig gehörte es zu den Aufgaben des Gerichts-
magistrats, dem Kläger bei der Gestellung des Gegners reale
Hilfe zu leisten. Vielmehr war die Ladung ganz und gar Privat-
sache der angreifenden Partei. Gesetz und Edikt begnügen[11]
sich damit, dem Kläger Selbsthilfe mit Gewaltmitteln zu gestatten, den Vozierten mit Strafe zu bedrohen und störende
Eingriffe Dritter zu verhindern.

Eine Gerichtsordnung, die auf solchen Grundsätzen beruht, steht augenscheinlich im allerschärfsten Gegensatz[12] zu
einem Prozeßrecht, das Versäumnisurteile anerkennt, d. h. Sach-
entscheidungen gegen Parteien, die sich der Begründung des

---

[11] Vom Ladungsvindex kann ich hier absehen.

[12] Die rechte Erkenntnis des untilgbaren Gegensatzes zwischen Privat-
und Kontumazialprozeß scheint immer noch zu fehlen, obwohl die Mehrzahl der neueren Gelehrten: so Bethmann-Hollweg, Pernice, Kipp,
Girard, Steinwenter das Ungehorsamverfahren für die ältere Zeit richtig
auf die Extraordinarsachen beschränken. Besondere Hervorhebung ver-
dienen die Untersuchungen von Kipp in Pauly-Wissowa R. E. IV, 1165 ff.
und Steinwenter Versäumnisverfahren 1914. Indes hat noch vor wenigen
Jahren (1911) Rich. Samter Nichtförmliches Gerichtsverf. 99 ff. die Rück-
kehr zu O. E. Hartmann empfohlen, dessen Röm. Contumacialverfahren
(1851) nach meinem Ermessen vielfach anfechtbar ist. Der § 69 des
Kellerschen Lehrbuchs (Überschrift: Desertion in iudicio) ist schon
von Kipp a. a. O. mit vollem Recht für ‚nicht mehr brauchbar‘ erklärt.

Prozesses entzogen haben. Entweder müssen die zwei Ordnungen ihren Ursprung in weit auseinander liegenden Zeiten haben, oder wenn sie doch aus derselben Zeit sein sollten, müßte die eine für diese, die zweite für Sachen wesentlich anderer Art aufgekommen sein; die erste etwa für rein private Rechtssachen, dagegen die zweite für öffentliche.[13]

Nicht minder sicher ergibt der bezeichnete Gegensatz auch die Unmöglichkeit späterer Vereinigung des einen mit dem anderen System. Wo dessenungeachtet eine Verschmelzung vorzuliegen scheint, handelt es sich vielmehr um ein Entweder-Oder. Im Einzelfall haben im Verfahren immer bald die Grundsätze der einen, bald der anderen Ordnung die Oberhand.

Als unvereinbar im Rahmen desselben Prozesses darf vor allem der Zwang zur Kontestatio und die Statthaftigkeit des Kontumazurteils gelten. Da die Streitbefestigung immer nur Mittel zum Zweck ist, wozu sollte dann jener Zwang dienen, wenn im einzelnen Fall das Ziel des Prozesses ohne solche Vermittlung erreichbar war? Anderseits scheint auch wieder die Einlassungsfreiheit, wie sie für dingliche Rechtssachen bestand, die Verurteilung des Abwesenden schlechthin auszuschließen. Eine Bürgerpflicht, bei der gerichtlichen Feststellung von Sachenrechten mitzuwirken, war der alten Ordnung zweifellos unbekannt. Selbst die allgemeine Folgepflicht[14] wurde bei der Aktio *in rem* erst in der Zeit Hadrians mit gleichem Nachdruck erzwungen wie bei der Aktio *in personam*, und auch diese späte Gleichstellung bezog sich nur auf den *latitans,* nicht auf den *absens.*[15] Und wie sollte ferner ein privater Richter

---

[13] Wegen des Kontumazialverfahrens in öffentlichen Strafsachen s. Wlassak Anklage 58 f.

[14] Wie notwendig es ist, Folge- und Einlassungspflicht auseinander zu halten, um das römische Kontumazrecht zu verstehen, das ist in der Sav. Z. R. A. 25, 158 gezeigt. War nach Diokletians Erlaß im C. 7, 43, 8 der Kläger befugt, auch im dinglichen Prozeß ein Versäumnisurteil über das angesprochene Recht zu verlangen, so konnte er sich doch, um den Rechtsbeweis zu sparen, mit weniger begnügen und bloß die *translatio possessionis* beantragen. Nur die letztere aber war zulässig, wenn der Belangte im ersten Termin die Einlassung abgelehnt hatte und erst nachher säumig wurde. Zu den a. a. O. 25, 158, 2 von mir verzeichneten Erläuterungen der c. 8 cit. ist inzwischen Steinwenter Versäumnisverfahren 151—153 hinzugekommen.

[15] So berichtet Ulpian l. 59 ad edict. 1390 D. 42, 4, 7, 16—19.

befugt sein, Urteile gegen Personen zu fällen, die sich dem
Prozeß entziehen, da doch sein Spruch nur diejenige Partei
binden kann, die sich ihm vorher unterworfen hat?

Ohne solche Einwilligung aber ist Ungehorsam (*contu-
macia*) bloß gegen staatliche Richter denkbar. In der Tat
macht auch die römische Ordnung das Kontumazurteil abhängig
vom Widerstand gegen ein Gebot der Obrigkeit, u. z. sofort
gegen die Ladung, die der Beamte verfügt hat.

In Ordinarsachen aber, die mit privater *vocatio* einzuleiten
waren und deren Entscheidung der Prätor einem privaten
Richter überlassen mußte, konnte hiernach schlechterdings
kein Ungehorsamverfahren Platz greifen. Erst als man anfing,
außerhalb des Kreises der Ordinarsachen die vom Magistrat
autorisierte oder bloß von ihm verfügte Ladung, die bisher
dem öffentlichen Recht vorbehalten war, auf gewisse Rechtshändel privater Natur auszudehnen, und als für sie Beamten-
gerichte geschaffen wurden mit der Befugnis, auch die Entscheidung zu fällen, war der Boden bereitet für die Zulassung
eines Kontumazurteils.

So sehr übrigens in Rom während der ersten Kaiser-
jahrhunderte die Zahl der Beamten mit außerordentlicher Gerichtsbarkeit anwuchs, so wenig konnte dort in der klassischen
Epoche der rein staatliche Extraordinarprozeß zur Regel werden,
da in der Hauptstadt länger als anderswo — nachweislich bis
tief in die Severische Zeit [16] — das privatrichterliche Verfahren
für die Masse der Ordinarsachen seine Geltung bewahrte.

Weit günstiger waren die Bedingungen für die Ausbreitung
des Kontumazverfahrens in den römischen Provinzen. In diesen
Ländern ging von der Zusammenfassung der ordentlichen und
außerordentlichen Jurisdiktion in der Hand des Statthalters eine
Entwicklung aus, als deren Ziel sich die unterschiedslos auf
alle Privatsachen erstreckte Vollgerichtsbarkeit der Beamten
darstellt. Der Verfall des Privatrichtertums kann mit eine Ur-
sache, kann auch mehr die Folge jener Erscheinung gewesen
sein. Das Ergebnis war jedenfalls die Herstellung einer ausschließlich staatlichen Gerichtsbarkeit, mochte sie von den Beamten selbst ausgeübt sein oder an ihrer Statt von amtlich

---

[16] S. oben S. 29 A. 35.

Beauftragten. So bleibt nur die Frage noch übrig, wie es sich
während der drei ersten Jahrhunderte in den Provinzen mit
der Prozeßladung verhielt?

Deutlich erkennbar ist für uns die in Ägypten geltende
Ordnung. Die private Vokation kommt dort nach den bisher
veröffentlichten Urkunden nicht vor und, soweit es sich um
Konventsgerichte handelt, auch keine Einrichtung, die dem
einleitenden Vadimonium [17] entspräche. Das weit Überwiegende
ist ohne Zweifel eine, wenn nicht durchaus so doch halbamtliche, d. h. amtlich unterstützte Ladung in dreifacher Form,
die zuweilen vom Präfekten erbeten wird, und häufiger wohl
vom Strategen,[18] der sie beurkundet und dadurch ausführt, daß
er die vom Kläger eingereichte Parangelie dem Gegner zustellt.

In allen Fällen solcher Ladung droht der zum Erscheinen
aufgeforderten Partei der Vorwurf des Ungehorsams gegen die
Obrigkeit, wenn sie ausbleibt. War nun, soviel wir wissen,
jene Aufforderung in keinerlei Form auf die Extraordinarsachen
beschränkt, so darf man gewiß für Ägypten das Kontumazurteil
schon frühzeitig als statthaft in allen Zivilsachen annehmen.[19]

Wenn aber — wie wir aus Victor l. c. schließen [20] — in
den anderen Provinzen, zum mindesten wo es Konvente gab,
das Vadimonium seit Marcus und wohl schon vorher durch
eine der ägyptischen ähnliche halbamtliche Denuntiatio ver-
drängt ist, so waren nunmehr für die große Mehrzahl der
außeritalischen Gebiete alle Vorbedingungen gegeben, um das

---

[17] Mit dem, Gerichtswechsel bezielenden Vadimonium vergleicht Wenger
Rhist. Papyrusstud. 64 ff. das — gegenseitige — eidliche Gestellungs-
versprechen zweier Parteien im P. Oxy. II n. 260; s. aber Lenel Edictum²
81, 4, und wieder anders Gradenwitz Arch. f. Pap. F. 2, 574. Über P.
Oxy. IX n. 1195 handelt Wenger Sav. Z. R. A. 33, 489—91. Vgl. ferner
P. M. Meyer zu P. Hamb. I n. 4 S. 14 ff. und das Stellenverzeichnis bei
Steinwenter a. a. O. 86.

[18] S. die Belege bei Mitteis Grundzüge 36, 1 u. 37, 3 und über die *evocatio*
in Ägypten oben S. 38 A. 7.

[19] Vgl. P. Hamb. I n. 29 Z. 5—9 (dazu Steinwenter a. a. O. 76 f.), P. Giss.
I n. 34 Z. 6—8 (= Mitteis Chrestom. S. 84) mit der Ergänzung von Eger
oder Mitteis, P. Lips. I n. 32 Z. 14 und zu P. Lips. I n. 33 oben S. 39 f.
A. 7, Wlassak Anklage 177, 90. Steinwenter a. a. O. 73 ff. wirft die im
Text erwogene Frage nicht auf. Mit Rücksicht auf die Friedensgerichts-
barkeit hält er (S. 90) Versäumnisurteile in Ägypten für selten.
S. oben S. 37. 41.

Kontumazurteil auch in Rechtssachen anzuwenden, die in Rom
nicht den Vorzug amtlich autorisierter Ladung genossen. Und
daran wird sich weiter die Vermutung knüpfen lassen, daß die
Statthaltergerichte von der gebotenen Möglichkeit wirklich Gebrauch gemacht und das Verfahren wegen Ungehorsams zugelassen haben, ohne Ordinar- und Extraordinarsachen zu unterscheiden.

Über den Abschluß der von den Provinzen ausgehenden
Entwicklung belehren uns zwei Zeugnisse: ein Erlaß von Diokletian und Maximian im C. I. 7, 43, 8 und einer von Konstantin I. im C. Th. 2, 18, 2.

Der erstere: ein Reskript aus dem orientalischen [21] Reichs-
teil vom J. 290 gedenkt eines *praeses provinciae* und erklärt
in einem dinglichen, anscheinend eine Erbschaft [22] betreffenden
Prozesse gegen den ausgebliebenen *contumax* wahlweise [23] die
translatio possessionis oder das Urteil über das Recht des Klägers
für statthaft. Sollte der überlieferte Text der c. 8 cit. aus einem
einzigen Reskripte stammen, — was nicht sicher ist [24] — so
hätte der Kaiser von seinem Bescheid nicht bloß gesagt, er
sei 'angemessen', sondern er sei auch dem geltenden Recht
entnommen ('*consentaneum iuri*'), bringe also nichts Neues.

Besonders zu betonen ist aber die Zulassung des Kontumazurteils im dinglichen Rechtsgang. Wenn irgendwo, so standen
hier gerade dem Prozesse, der absieht von der Streitbefestigung,
ernste Bedenken entgegen. [25] War aber zur Zeit Diokletians
selbst dieses Hindernis überwunden, so gehen wir gewiß nicht
fehl mit der Behauptung, daß das Ungehorsamverfahren damals
bereits in allen Zivilsachen zugelassen war.

Auch die Frage, ob es in solchem Umfang um das J. 290
schon im stadtrömischen Recht angenommen war, dürfte durch
Diokletians Reskript bejahend beantwortet sein. Denn jeder
Erlaß eines der Augusti galt als ergangen im Namen sämt-

---

[21] Vgl. Mommsen Jur. Schriften 2, 265.

[22] Der Erlaß spricht vom *transferre possessionem bonorum*: also wohl eines
Nachlasses.

[23] S. oben S. 43 A. 14.

[24] Steinwenters Vermutung a. a. O. 152, daß c. 8 cit. aus zwei Diokletianischen Reskripten hergestellt sei, scheint mir recht beachtenswert.

[25] S. oben S. 43 mit A. 14. 15.

licher Regenten,[26] setzt also im Zweifel allgemeines Reichsrecht fest.

Übrigens kann an diesem Punkte die Beweisführung noch
gestützt werden durch das oben an zweiter Stelle genannte
Kaisergesetz aus dem J. 322 p. C. Letzteres, überliefert in
einem der Anhänge zur Lex rom. Wis.,[27] erweist sich durch
die Übereinstimmung der Adresse und des Datums als ein
Bruchstück einer größeren Konstantinschen Verordnung, von
der ein anderer und sehr bekannter Teil im Titel *de denuntiatione* (2, 4) des C. Th. als c. 2 erhalten ist.[28]

Die Adresse lautet: *ad Maximum p(raefectum) u(rbi)* und
der Text: *Eum, qui sciens iudicio adesse neglexerit, ut contu-
macem index poena multabit.*

So wenig uns dieser abgerissene Satz klaren Einblick
vermittelt, so bezeugt er doch eine mit dem Denuntiations-
prozeß zusammenhängende Kontumazialordnung, u. z. für den
Gerichtsbezirk des Stadtpräfekten, also gerade für Rom und
die benachbarten Provinzen im Umkreis bis zum 100. Meilen-
stein.[29]

Auf das zweite Stück der in Bezug genommenen Verordnung ist nur deshalb hier einzugehen, weil es dazu benutzt
werden könnte, die obige Ausführung über das halbamtliche
Gepräge der Streitdenuntiatio zu widerlegen. Indes wird man
— wenn ich recht sehe — aus den ägyptischen Urkunden wohl
die Lehre abnehmen müssen, daß der Konstantinschen c. 2 cit.
nicht die große Bedeutung zukommt, die ihr meistens beigelegt wird.[30]

Zweierlei dürfen wir fragen: ob der Kaiser durch sein
Gesetz einen im ganzen Reich verbreiteten Rechtszustand
ändern wollte, ob er also die bis dahin allerorts geübte Bezeugung der Streitansage durch *privata testatio* abschafft, —
weil sie Gelegenheit zu Betrügereien bot — und ferner: ob er

---

[26] So Mommsen Jur. Schriften 2, 263, P. Krüger Quellen ² 310. Wegen der
Gesetzeskraft der Reskripte vor Konstantin I. s. Krüger a. a. O. 108 f. 301.

[27] Bei P. Krüger Appendix II, 3.

[28] So Mommsen in den Prolegom. in Theod. p. CCXVI.

[29] S. Bethmann-Hollweg Zivilprozeß 3, 60—62, dazu Mommsen Staatsrecht ³ II. 2, 1069 mit A. 1.

[30] Auch von mir in Anklage u. Streitbefestigung 104.

es war, der als erster das Erfordernis der amtlichen Sicherung
des Ladungsvollzuges vorschrieb?

Will man den Erlaß in diesem Sinn verstehen, so ist er
mit dem Inhalt der Papyri, die sich freilich nur auf Ägypten
beziehen, gar nicht in Einklang zu bringen. Blicken wir aber
auf die Adresse der c. 2, so ist schon der Weg gezeigt, .der
zur Lösung des scheinbaren Widerspruches führt. Vermutlich
hat der Kaiser eine Rechtsübung im Auge, die nur bei einzelnen Gerichten, besonders in Rom und im nächstbenachbarten
Gebiete vorkam, und die hier auf dem Mutterboden der privaten
Ladungsformen dahin strebte, einen Rest der altgewohnten Ordnung aufrechtzuhalten.

Zwar wird im 4. Jahrhundert n. C. auch in Rom nur
die Streitansage noch im Gebrauch gewesen sein. Allein diese
Ladung, so sehr sie m. E. der *auctoritas* des Gerichtes bedurfte,[31] wurde, wie die alte *vocatio*, vom Kläger ohne be-
hördliche Mitwirkung ausgeführt; und nur von ihm konnte
daher die Beischaffung eines Beweismittels: am besten einer
Zeugenurkunde erwartet werden. Eben diese *privata testatio*
... *scripta* ist es, die Konstantin in c. 2 als unzureichend, ja
als gefährlich bekämpft, und die er durch Zweckmäßigeres
ersetzen will.

Worin des näheren die Umwandlung bestand, das läßt
der überlieferte Text — ein ungeschickt aus dem Ganzen ge-
schnittenes Stück — nur sehr undeutlich erkennen. Völlig ausgeschlossen ist es, das *denuntiare apud provinciarum rectores
vel apud eos, quibus actorum conficiendorum ius est,* als Streit-
mitteilung vor der Behörde an den anwesenden Gegner zu
fassen.[32] Ebensowenig kann das *denuntiare* den ganzen, in

---

[31] S. oben S. 39 A. 7.

[32] Wofür sich freilich die Mehrzahl der Schriftsteller (bei Kipp Litisden.
11, 37), darunter auch Mommsen Epigr. Schriften 1 (1913), 492 f. aus-
gesprochen hat. Vgl. aber dagegen besonders A. Pernice Sav. Z. R. A.
VII. 2 S. 130, 1 und Kipp a. a. O. 197. Ausdrücklich ablehnen möchte
ich die von Baron Denuntiationsproceß 123 ff. entwickelte, durch Valent.
C. Th. 11, 31, 5 (nach Mommsen vom J. 370) gewiß nicht bewiesene
Ansicht über die Form der Denuntiatio, obwohl sie zweimal Kipps Zustimmung gefunden hat. Aus der dritten Bearbeitung in Pauly-Wissowa
R. E. V (1905), 225 ist nicht zu ersehen, ob Kipp Barons Lehre noch
festhält. Nicht unerwähnt darf endlich an dieser Stelle Zimmern Röm.
Zivilprozeß 432 bleiben.

mehrere Teile gegliederten Vorgang der Streitansage bedeuten, der gewiß vor wie nach Konstantin anhebt mit der Einreichung des Denuntiationslibells bei einer Behörde.[33]

Hingegen treffen wir wahrscheinlich das Richtige, wenn wir in c. 2 das *denuntiare apud* ('durch Vermittlung'[34]) bloß auf solche Handlungen beschränken, welche die *privata testatio* verdrängen sollen, mithin auf den Vollzug der Ladung, der jetzt immer Amtssache sein soll, und auf die Bezeugung des Vollzugs, die ebenfalls der Behörde zugewiesen wird.

Ihren besten Anhalt aber hat diese Ergänzung des schwer verständlichen Textes in den Papyri aus Ägypten, welche die amtliche Zustellung wie deren Beurkundung durch Vermerk des Offizials dartun, und ferner im Syr.-röm. Rechtsbuch (L. 66. 75. 76, R. II 46—48, R. III 76),[35] welches die Streitansage geschehen läßt durch das ‚Schicken‘ (nicht durch das Bringen) eines Schriftstücks.

Ist durch die vorstehende Ausführung Inhalt und Tragweite des Konstantinischen Gesetzes richtig bestimmt, so liefert es keinen Beweisgrund für die Annahme, daß die *privata testatio* und weiter die vom Kläger selbst vollzogene Denuntiatio im ganzen Reich verbreitet waren. Auf das Gebiet, wo dieser Rechtsbrauch in Geltung sein mochte, weist neben dem *praefectus urbi*, den die Adresse der c. 2 cit. nennt, die Behandlung

---

[33] Vgl. noch Arcad. C. Th. 15, 14, 9 vom J. 395: *deposita super instituenda lite testatio.*

[34] Nicht notwendig des zuständigen Gerichtes: das zeigen die Eingaben an die Strategen in Ägypten. Freilich wissen wir nicht, wie der Präfekt, an den die Streitsache auf dem Konvent gelangen sollte, Kenntnis vom Denuntiationslibell erhielt (s. Mitteis Grundzüge 37). Die Annahme einer gleichzeitigen oder voraufgehenden Eingabe an die Adresse des Präfekten schließen die Urkunden nahezu aus. Seit der Abschaffung der unständigen Konventsgerichte könnte auch die Einleitung der Denuntiatio eine Umgestaltung erfahren haben. Nicht undenkbar, daß in dem unbekannten Reformgesetz über das Verhältnis der denunzierenden Behörde zum zuständigen Gerichte etwas gesagt war. Die Vermutungen von Asverus Die Denunciation (1843) 249 f. und Wieding Libellprocess 280 ff. lehnt Kipp Litisden. 195—197 entschieden ab. Mir scheint die Frage durchaus nicht spruchreif zu sein.

[35] Dazu noch Theod. C. Th. 4, 14, 1, 1 (vom J. 424): *nisi . . . in iudicio postulatione* (d. h. der Denuntiationslibell) *deposita fuerit subsecuta* (C. I. 7, 39, 3, 1: *per executorem*) *conventio*; R. Sohm Die litis contestatio 96 f.

in den klassischen Schriften[36] hin, deren Verfasser in aller
Regel stadtrömisches Recht zugrunde legen.

Wie weit dieses selbe Ladungsverfahren unter dem Prin-
zipat auch in den Provinzen Fuß gefaßt hat, das ist mit Hilfe
der sehr lückenhaften Quellen kaum auszumachen. Eine etwas
unsichere Spur (s. oben S. 38 f. A. 7) führt auf das Vorkommen
der *privata testatio* in Ägypten unter Domitians Regierung.
Mit voller Deutlichkeit aber tritt uns die vom Kläger selbst
ausgerichtete Streitdenuntiatio nur entgegen in einem griechisch-
lateinischen Schuldialog[37] (überliefert in den sog. Hermeneu-
mata Pseudo-Dositheana), den Krumbacher mit Antiochia in
Beziehung, und den manche Gelehrten[38] in den Anfang des
dritten Kaiserjahrhunderts setzen wollen. Indes ist zum mindesten für diesen Zeitansatz kein[39] haltbarer Grund vorhanden.
Daher wird es auch unentschieden bleiben müssen, ob jenes
Schulgespräch vor oder nach der Zeit Marc Aurels entstanden ist.

Unerweislich scheint mir endlich die Annahme von Partsch[40]
zu sein, der sich durch den syrischen Spiegel (L. 66, P. 77,

---

[36] S. oben S. 38 f. A. 7.

[37] Neueste Ausgabe von Goetz im Corp. gl. lat. III, 647 f.

[38] So Partsch Schriftformel 112, L. T. Praescr. 44, Mitteis Sächs. Berichte
62, 102, Steinwenter a. a. O. 44, 3.

[39] Eines der mehreren, sehr ungleichartigen Stücke, die in den Hermeneu-
mata Ps. Dos. zusammengetragen sind: die Übersetzung der *genealogia
Hygini* ist vom 11. September des J. 207 datiert. Allein daraus ist gar
nichts abzuleiten für die Entstehungszeit der anderen Stücke. Abgelehnt ist der falsche Schluß hinsichts des Traktats *de manumissionibus*
von Jörs in Pauly-Wissowa R. E. V, 1604, dann allgemein von Götz in
derselben R. E. V, 1607 und mit noch größerer Entschiedenheit in dem
Art. Glossographie in R. E. VII (1910), 1438. Eine weitere Frage ist
die, ob, wie die uns vorliegende Rezension des Sprachführers so auch
das Grundexemplar aus Antiochia und überhaupt aus einer Provinz
stammt? — Ziemlich bedeutungslos für die Geschichte der Streitdenuntiatio ist die in der Provinz Aquitania ausgegrabene, zuerst (1897) von
C. Jullian veröffentlichte Fluchtafel (ein Diptychon aus Blei), die mit
den Worten beginnt: *denuntio personis infra scriblis . . . . uti adsin(t) ad
Plutonem.* Nach den Schriftzügen wird sie ins zweite nachchristliche
Jh. gesetzt. Den Text nebst Erläuterungen findet man bei R. Wünsch
Rhein. Museum f. Philol. N. F. 55 (1900), 241 ff., A. Audollent Defixionum
tabellae (Paris 1904) 169, E. Weiß Sav. Z. R. A. 32 (1911), 365 f.

[40] L. T. Praescr. 42—46.

R. II 48, Ar. 48) ermächtigt glaubt, die vom Kläger mündlich
vollzogene und — wenn ich recht verstehe — rein private
Streitansage auf die klassische Ordnung zurückzuführen, und
anderseits offenbar gezwungen ist, jene private Ladung im
Osten des Reichs selbst nach und trotz Konstantins c. 2 cit.
für gültig anzuerkennen.

M. E. sind aber derzeit Rückschlüsse aus dem genannten
Spiegel auf den Rechtszustand des 2. und 3. Jahrhunderts ein
nicht unbedenkliches Wagnis.[41] Die Quellen, die für die erste
Fassung des Rechtsbuchs benutzt wurden,[42] der Zweck der
Arbeit, Ort und Zeit der Entstehung des verlorenen griechischen
oder gar eines lateinischen Urtextes und ebenso der späteren,
sicher zahlreichen Umarbeitungen: das sind lauter Dinge, die
für uns größtenteils noch im Dunkeln liegen.

Übrigens kann dieser schwierige Punkt einstweilen außer
Betracht bleiben. Es genügt fürs erste zu fragen, wie die
einzelnen Belegstellen[43] beschaffen sind, auf die sich Partsch
beruft. Sie alle beziehen sich auf den durch 10 oder 20 Jahre
unangefochtenen Besitz als Voraussetzung des Präskriptions-
schutzes. Als ‚Belästigung‘ dieses Besitzes erscheint eine ‚mündliche‘ Erklärung — verschwiegenen Inhalts — an den Besitzer, ‚wenn er gegenwärtig ist‘, nur in Ar. 48; in keiner der
anderen Versionen, auch nicht in der Londoner Handschrift,
die — wie man[44] annimmt — für uns die älteste Überlieferung
des syrischen Spiegels darstellt.

---

[41] Partsch selbst urteilt in der Sav. Z. R. A. 28 (1907), 423. 424 mit größerer
Zurückhaltung, obwohl er hier, wie Andere, der geistreichen Hypothese
von Sachau (Syrische Rechtsbücher 1 (1907) S. IX f.) beitritt, der das
Rechtsbuch schon in Vorkonstantinischer Zeit aus der Patriarchatskanzlei
von Antiochia hervorgehen läßt.

[42] Auch wo zweifellos altrömisches Recht zugrunde liegt, ist die klassische
Form bis auf den letzten Rest ausgetilgt. Sollte der als Schriftsteller
auf ziemlich niedriger Stufe stehende Verfasser gar keine Neigung zum
Ausschreiben gehabt haben? Hat er überhaupt literarische Quellen
benutzt? Wenn dies der Fall war, möchte ich an Mittelglieder zwischen
ihm und den klassischen Schriften denken. S. auch Mitteis Berliner
Akad. Abh. 1905 S. 23.

[43] R. I 30 führt Partsch nicht an, obwohl dieser § (mit erheblichen Abweichungen) L. 66, R. II 48 entspricht. R. I 30 ist freilich ebenso ver-
worren wie Arm. 39, mit dem sich Partsch L. T. Praescr. 63 ff. abmüht.

[44] S. Sachau Syr. Rechtsbücher 1 (1907) S. XVII.

Die arabische Übersetzung aber ist nach Sachau[45] im 12. Jahrhundert angefertigt und kann daher gewiß nicht als glaubhafte Erläuterung eines (vorausgesetzten) griechischen,[46] vor mehr als 600 Jahren ins Aramäische übertragenen Wortes gelten.

Nun meint allerdings Partsch, eine Stütze für seine Ansicht auch in L. 66 und R. II 48 zu haben,[47] da in diesen Paragraphen übereinstimmend gesagt sei: der Besitzer dürfe, um die Präskriptio zu erwerben, nicht ‚belästigt‘ (R. II 48 übersetzt Sachau: ‚bedrängt‘), und es dürfe ihm keine παραγγελία geschickt sein. Die ‚Belästigung‘, die hier als Zweites neben der abgeschickten Parangelie steht, sei doch wieder eine Streitansage, nur im Unterschied von der zugeschickten eine mündlich vom Kläger selbst ausgerichtete.

Allein diese Deutung fordert entschiedenen Widerspruch heraus. Vor allem ist es bei der unüberlegten Geschwätzigkeit des syrischen Spiegels nicht außer Zweifel, ob das Nebeneinander von ‚Belästigung‘ und Parangelie ernst genommen werden darf. Halten wir uns aber genau an den Text, so wird nicht leicht jemand begreifen, weshalb der Verfasser die mündliche Streitansage so ganz unbestimmt und mit einem Worte[48] bezeichnet haben sollte, das den Gegensatz zur schriftlichen Parangelie gar nicht zum Ausdruck bringt.

---

[45] Syrisch-römisches Rechtsbuch (1880) II, 165. S. spricht vom 12. Jh., in dem P. Ar. Arm. ‚abgefaßt‘ (nicht: abgeschrieben) wurden. Mitteis Reichsrecht 544 scheint allerdings Sachaus Äußerung vom Alter der uns bekannten Handschriften zu verstehen. Auf die Einschaltungen des arabischen Übersetzers macht Sachau a. a. O. II, 169 aufmerksam. Sehr begründet ist Mitteis' (a. a. O. 543 ff.) Widerspruch gegen die Behauptung, daß der ‚materielle Inhalt des Rechtsbuchs durch alle Versionen, durch alle Jahrhunderte derselbe geblieben sei‘.

[46] Manigk Münch. Krit. Vierteljschr. 53 (1916), 400 ff. äußert Bedenken gegen die griechische Vorlage, ohne geradezu widersprechen zu wollen.

[47] Nur versehentlich fügt Partsch (L. T. Pr. 42. 43) noch P. 77 hinzu. Wie in diesem § das Schicken der Parangelie fehlt, so nennt anderseits R. III 66 bloß das ‚Prozessieren‘. Dagegen führt Ar. 48 vor dem ‚belästigen‘ das ‚verletzen‘ im Besitz und Anderes an. — Wer nicht Orientalist ist, muß sich in die peinliche Lage schicken, Sachaus Übersetzungen wie Originaltexte zu behandeln.

[48] Die Vieldeutigkeit des Wortes, dem ἐνοχλεῖν, inquietare entspricht, hebt Wenger Sav. Z. R. A. 27, 376 hervor. In R. III 119 erklärt sich das ‚belästigen‘ aus der Verletzung der Sonntagsheiligung.

Weit näher liegt es wohl, das ‚Belästigen' in einer Rechts-
anmaßung zu suchen, die sich, sei es in tätlicher Eigenmacht
gegen den Besitz, sei es in mündlichem oder schriftlichem Einspruch äußert, mithin in Handlungen, die noch keine gerichtliche
Verfolgung einleiten oder völlig außer Beziehung zu ihr stehen.
Bekräftigt aber dürfte diese Auffassung sein durch das
bekannte Severische Reskript vom J. 199, das — nur griechisch
überliefert — einen Besitz verlangt ἄνευ τινὸς ἀμφισβητήσεως[49]
(BGU I n. 267, P. Straßb. I n. 22) und selbst noch durch spätere lateinische Quellen, die eine *possessio* fordern, welche *in-
concussa, indubitata, sine controversia* blieb, derentwegen der
Präskribent niemals ‚interpelliert' oder ‚inquietiert' wurde.[50]
Alle diese Ausdrücke würden, unbefangen gedeutet, zweifellos
zu dem strengen Erfordernis des ‚ruhigen',[51] ungestörten
Besitzes führen, wie es im Reichsrecht allerdings nicht mehr
nachweisbar ist. Erinnert sei hier an einen Erlaß vom J. 286,
worin Diokletian (C. 7, 33, 2) nur zweierlei für notwendig erklärt: die *possessio* müsse *continuata* und sie dürfe nicht unter-
brochen sein *inquietudine litis.* Hindernd wirkt hiernach —
wie es scheint — nur ein Prozeß, der wenigstens eingeleitet
ist, und ferner nur Besitzverlust, nicht bloße Störung, mag sie
wörtlich oder tätlich sein. Allein erledigt ist damit unsere
Frage noch keineswegs. Wie Partsch[52] mit gutem Fug an-

[49] Über den weiten Sinn dieses Ausdrucks s. G. A. Leist Der attische Eigen-
tumsstreit (1886) 6—8. Preisigke zu P. Straßb. n. 22 (I S. 84) übersetzt
Z. 4 f.: ‚die in ihrem Besitz keinem Einspruch begegnet sind'. Gradenwitz bei Bruns Font.[7] 1, 260 trifft wohl den lateinischen Urtext, wenn
er die obigen Worte so wiedergibt: ... *sine nlla controversia* ... In
der Tat ist ‚*controversia*' (s. Vocab. 1, 1008 ff.) für die römischen Juristen
ein vielumfassender Ausdruck, der wie den begründeten (= *lis*) so den
bloß eingeleiteten Rechtsstreit und zuweilen auch den Streitstand anzeigt, der dem Gerichtsverfahren voraufgeht.

[50] Belege: C. I. 7, 33, C. I. 7, 35, 4, Paul. sent. 5, 2, 4 f., Inst. 2, 6, 7 in f.

[51] So übersetzt auch Sachau L. 66: wenn Jemand ... in der νομή der
Sache in Ruhe während 10 Jahren (ist), wenn Niemand ihn belästigt, ...

[52] L. T. Praeser. 118 ff. Seine Vorgänger nennt Partsch 118, 3. Wesentliche
Stücke der in seinem Buche vertretenen Lehre sind von Mitteis, Wenger,
Frese scharf angefochten, hauptsächlich auf Grund des dem Verf. 1905
noch nicht bekannten P. Straßb. 1 n. 22 (= Mitteis Chrestom. S. 424 f.).
Die Herleitung der L. T. Pr. aus dem griechischen Rechte scheint mir
aber durch diese Kritik nicht widerlegt zu sein.

nimmt, ist die L. T. Präskriptio griechischen Ursprungs, und
nicht unwahrscheinlich ist es, daß sie bei oder bald nach der
Aufnahme ins Reichsrecht in Annäherung an die Usukapion
leicht umgebildet wurde.

Einen Anhalt aber für das behauptete Erfordernis des
ungestörten (‚unbelästigten‘) Besitzes bietet uns gerade die römische Eigentumsersitzung dar, wie sie in älterer Zeit geordnet war. Schon Huschke [53] hat aus Gaius l. 21 ad ed. prov.
330 D. 41, 3, 5 scharfsinnig eine von der ‚naturalen‘ unter-
schiedene, zivilisierte Usukapionsunterbrechung erschlossen, die
lediglich zugunsten des Usurpanten wirkt, und die rechtsgültig
nur vom Eigentümer ausgehen kann. Bloß ein einziges Beispiel: offenbar ein von den Juristen formalisierter Usurpations-
akt ist uns durch Erwähnung bei Cicero (de orat. 3, 28, 110)
bekannt, obwohl wir solche Rechtsakte in ansehnlicher Zahl
voraussetzen müssen, wenn es für Appius Claudius Caecus nicht
zu geringfügig war, einen *liber de usurpationibus* anzufertigen.[54]
Was nun die Form betrifft, von der Cicero berichtet, so bestand sie im symbolischen Abbrechen eines Zweiges, — vermutlich begleitet von gebundener Rede — wodurch der An-
sprecher zur Wahrung seines Rechtes den Gebrauch des Grund-
stücks an sich zieht (‘usurpiert’),[55] während vom Standpunkt
des Gegners betrachtet das *surculum defringere* sich als Besitz-
störung darstellt.

---

[53] Ztschr. f. Zivilrecht u. Prozeß N. F. 2 (Giessen 1846), 141 ff. Beigetreten
sind Böcking Pandekten d. röm. Privatrechts 2 (1855), 116, M. Voigt
XII Tafeln 2, 231 f., Karlowa R. Rechtsgeschichte 2, 401 f., Bremer Jurispr.
Antehadriana I, 5.

[54] Was uns Pompon. ench. D. 1, 2, 2, 36 ohne Kritik als überliefert (*tra-
ditum est*) mitteilt, also gewiß nicht für ausgeschlossen hielt. Wegen
der Glaubwürdigkeit der Nachricht vgl. Jörs R. Rechtswissenschaft 1, 86 f.,
Bremer a. a. O. I, 3; zum Text der Stelle auch P. Krüger Quellen [2] 58, 7.

[55] Vgl. K. Otfried Müller Etymol. Erörterungen im Neuen Rhein. Museum
f. Jurispr. 5 (1833), 201 f. — Weshalb Scaevola l. 5 resp. 290 D. 41, 4, 13
der ‘*denuntiatio*’ des Eigentümers die Kraft abspricht, eine Ersitzung zu
unterbrechen, ob deswegen, weil dazu ein Realakt notwendig, oder weil
die Zivilusurpation um die Wende des 2. und 3. Jahrhunderts bereits
veraltet war, das ist verlässig nicht zu ermitteln. Daß eine *operis novi
nuntiatio* nicht genügen konnte, versteht sich wohl von selbst. Auf die
usucapio wird die (interpolierte) Stelle wie von Huschke a. a. O. 2, 148
so von Lenel Pal. II, 312, 4 f. bezogen.

Eine ähnliche ‚Belästigung‘ aber — mit oder ohne Formalisierung — darf vielleicht auch dem alten Rechte der μακρᾶς νομῆς παραγραφή zugesprochen werden. Jedenfalls fügt sich die hier versuchte Erklärung den Texten von L. 66, P. 77, R. II 48 aufs beste ein, und der syrische Spiegel hätte also wiederum, wie an manchen anderen Punkten, so in der Gestaltung der L. T. Präskriptio eine hellenistische Ordnung bewahrt, die sich als Vulgarrecht[56] zu behaupten vermochte,[57] obgleich die Kaisergesetzgebung bestrebt war, die Präskriptio und die nachklassische Usukapion möglichst übereinstimmenden Grundsätzen zu unterwerfen.

Der Gang der Untersuchung hat zur Annahme einer Vermutung geführt, welche die von Partsch vertretene Deutung einiger Paragraphen des syrischen Spiegels verdrängen soll. Weist aber das Rechtsbuch in den heute allein bekannten späten Fassungen — nur mit Ausnahme von Ar. 48 — nirgends die private Streitdenuntiatio auf, so ist damit ohne weiteres einem Rückschluß auf das Ladungsrecht der klassischen Zeit die Grundlage entzogen.

Die wenigen Nachrichten, welche auf dem Boden der Provinzen die Verwendung der sogenannten ‚privaten‘ Streitansage dartun sollen, sind oben auf S. 50 und daselbst in A. 39 angeführt. Eine bestimmtere Behauptung läßt sich mit Hilfe so wenig ausgiebiger Zeugnisse, die bald hier, bald dort eine Frage offen lassen, nicht wohl aufstellen. Übrigens dürften wir uns nicht wundern, wenn mit der Verfolgbarkeit gewisser Extraordinarsachen auch die dabei in Rom übliche Ladungsform in die eine oder andere Provinz verpflanzt und hier selbst auf Ordinarsachen übertragen wäre.

---

[56] Selbst wenn die Ansicht zutrifft, daß der syrische Spiegel durchaus für kirchliche Zwecke abgefaßt sei, würde er trotzdem ein brauchbarer Zeuge sein für das Vulgarrecht des Ostens; s. auch Manigk a. a. O. 53, 367.

[57] Vgl. indes R. III 66 und dazu oben S. 52 A. 47. Mitteis Grundzüge 287 scheint schon nach dem Severischen Reskript vom J. 199 eine ἀμφισβήτησις nur anzunehmen, wo ‚Klage erhoben‘ ist. Nebenbei: welche Handlung ist denn im römischen und im griechischen Prozesse die ‚Erhebung der Klage‘, und war es zu allen Zeiten hier und dort die nämliche Prozeßhandlung? Ich bekenne offen, keine Antwort zu wissen; s. Sav. Z. R. A. 28, 79, 2; Anklage u. Streitbef. 201, 4.

Nach Ort und Zeit feststellbar ist bloß P. Hamb. I n. 29
Z. 22—26: das Protokoll einer Streitverhandlung, die unter
Domitian vor dem ägyptischen Präfekten abgeführt wurde.
Fraglicher ist es schon, ob die hier in Bezug genommenen
Zeilen schlechthin beweisend sind für das Vorkommen der *privata testatio* im 1. Jahrhundert n. C. Wer bejahend antworten
will, ist sofort daran zu erinnern, daß vom J. 99 n. C. ab für
die nämliche Provinz Agypten die amtliche Zustellung der
Streitdenuntiatio durch klare und reichliche Zeugnisse jedem
Zweifel entrückt ist. War nun diese Form der Ladung zeitlich die Nachfolgerin der anderen, oder waren beide nebeneinander in Gebrauch? Hatte etwa der Kläger mit dem Beamten zusammen das Recht, zwischen dieser und jener Art zu
wählen, oder war die amtlich zugestellte Denuntiatio dem ordentlichen, d. h.[58] dem Konventsverfahren eigentümlich, während
die ständigen Gerichte Rechtssachen im außerordentlichen Verfahren nur von einem Kläger annahmen, der bereit war, die
Ladung selbst auszurichten?

Leider eine Reihe von Fragezeichen, die wir derzeit wegzuschaffen außerstande sind. Deutlich erkennbar aber ist, zunächst für Ägypten vom 2. Jahrhundert ab, das Vorwalten,
wenn nicht die Einzigkeit der amtlichen Zustellung, und anderseits die Erhebung eben dieser Ladungsform zum allgemeinen
Reichsrecht durch einen Erlaß Konstantins, der, an den Präfekten der alten Hauptstadt gerichtet, anscheinend nur im
Jurisdiktionsbezirk dieses Beamten noch eine *privata testatio*
vorfand und daher nur in diesem Gebiet eine Rechtsänderung
bewirkte.[59]

Hiernach werden wir den entscheidenden Schritt in der
Reform der Ladungsordnung nicht Konstantin zuschreiben,
sondern mit besserem Recht Marc Aurel, der durch ein Gesetz,
das um etwa 150 Jahre älter wäre als c. 2 C. Th. 2, 4, die für
uns zuerst in Ägypten nachweisbare Form auf sämtliche Provinzen erstrecken mochte.

---

[58] S. oben S. 35 A. 54.

[59] Daß Konstantin die öffentliche Form der Streitdenuntiatio nicht neu
eingeführt hat, vermuten nach dem Vorgang von O. E. Hartmann auch
Rudorff (zu Puchta Instit. 1 § 160, r), Kipp Litisdenunt. 195, Mitteis
CPR 1, 84 f., Steinwenter a. a. O. 113.

Gewiß konnte ja von den stadtrömischen Einrichtungen keine: weder die *in ius vocatio* noch das einleitende Vadimonium noch die vom Kläger selbst bestellte Streitansage in den größeren Provinzen den Bedürfnissen der Rechtspflege genügen, da sie alle ein persönliches Zusammentreffen der Parteien noch vor dem ersten Erscheinen in Jure erheischten, und der Kläger überdies in den untertänigen Ländern der wichtigen Nachhilfe entbehrte, die ihm in Italien von den zahlreichen Ortsgerichten römischen Rechts geleistet wurde. Auch unser Gewährsmann Aurelius Victor hätte schwerlich der neuen Ladungsform den Vadimonien gegenüber besondere Zweckmäßigkeit (*'commode'*) [60] nachrühmen können, wenn es in den Provinzen nicht die Aufgabe der Behörden gewesen wäre, mindestens in allen Konventssachen, an des Klägers Statt die Zustellung der Denuntiatio zu besorgen.

Für die Geschichte des römischen Kontumazialprozesses ist es nicht ohne Bedeutung, festzustellen, auf welches **örtliche Gebiet** Konstantins const. 2 cit. zielt, um zu wissen, wo sie — bis zum J. 322 n. C. — als **Zeugnis** gelten darf für den Gebrauch der *privata testatio*. Die oben begründete Antwort lautet: der Kaiser hat a. a. O. keinesfalls das ganze Reich im Auge; sicher bezieht sich sein Erlaß auf Rom und dessen nächste Umgebung, dagegen sehr wahrscheinlich auf keine von den alten (Vordiokletianischen) Provinzen.

Noch erheblich wichtiger ist es, — wieder um des Kontumazverfahrens willen — den berichtenden **Inhalt** der c. 2 cit. gehörig zu begrenzen. Wie oben (S. 48 f.) schon angedeutet ist, handelt das Gesetz, soweit es uns erhalten ist, keineswegs vom Denuntiationsverfahren in allen seinen Teilen, sondern bloß von dem letzten, abschließenden Stück, d. h. von der **Zustellung** der Ladung. Ordnet nun die c. 2 an **diesem Punkt** ein Verfahren an, das von der alten *privata testatio* absieht und sie durch Besseres ersetzen will, so ist damit gar nichts ausgesagt über die Vorgänge, die in Rom und überall, wo der Kläger

---

[60] Die Erleichterung darf nicht mit Keller Zivilprozeß [6] § 48 wegen des Ausdrucks *sollemne* (bei Victor 16, 11), den man gerne mißversteht — s. oben S. 41 A. 10 — aus der Beseitigung des Wortzwanges der Vadimonien abgeleitet werden.

die Ladung selbst vollzieht, notwendig waren zur Einleitung
der Denuntiatio.

Demnach ist es durchaus erlaubt, das stadtrömische Ver-
fahren noch bis zum Jahre 322 mit der Einreichung des bei
Paulus de sept. iud. D. 5, 2, 7 [61] erwähnten *libellus* beginnen zu
lassen, durch den sich der Kläger vom Gerichtsbeamten [62] die
Ermächtigung erbat, den Gegner — *ex auctoritate* [63] — zur
Verhandlung über die im Libell verzeichnete Sache zu laden.

Neben der in Ägypten nachweisbaren und der hier beschriebenen, amtlich autorisierten Streitansage scheint eine
andere Art — mit Zwangswirkung — dem römischen Recht
überhaupt nicht bekannt zu sein. Daher glaube ich die von
Keller [64] vertretene und noch in neuester Zeit von vielen Gelehrten [65] festgehaltene ‚private‘ oder ‚rein private‘ Streitdenuntiatio als Einrichtung des klassischen und Vorkonstantinischen
Rechtes verwerfen zu müssen. Damit aber entfällt jede Schwierigkeit für die Anknüpfung eines Kontumazverfahrens an die
hier erörterten Ladungen, da ihnen allen amtliches oder, wenn
man lieber will, halbamtliches Gepräge zuzuschreiben ist.

Unser Ergebnis ist also, daß Konstantins oft genanntes
Gesetz die oben aufgestellte Vermutung nicht entkräftet, derzufolge der Ungehorsamsprozeß für die alten Ordinarsachen
zuerst in den Provinzen aufkam, während ihn die Hauptstadt
in solchem Umfang erst in nachklassischer Zeit aufgenommen

---

[61] Literatur zum fr. 7 cit. bei Kipp Litisdenuntiation 168, dessen eigene
Erklärung (S. 168—170. 305) ich mir nicht aneignen kann; vgl. oben
S. 38 f. A. 7.

[62] Die Mitwirkung von — in der Prozeßsache — unzuständigen und sogar
von Behörden ohne Gerichtsbarkeit — bezeugt durch ägyptische Papyri
und wieder durch c. 2 C. Th. 2, 4 — muß wohl beschränkt geblieben
sein auf die éine Art der Denuntiationsladung; vgl. übrigens oben
S. 49 A. 34.

[63] S. oben S. 38 f. A. 7.

[64] Röm. Zivilprozeß [6] § 48 S. 245—247. Während Keller § 48, 564 (dazu
§ 81, 966) einen Zusammenhang der Streitansage Marc Aurels mit der
denuntiatio des *extra ordinem* andeutet, gehört nach Bethmann-Hollweg Zivilprozeß 2, 201 f. (dazu Bd. 3, 234) die erstere bloß
dem jüngeren ‚Ordo Judiziorum‘ an und ist ein Privatakt des Klägers;
dagegen wird die letztere (Bd. 2, 773 f.) als eine Form magistratischer
Evokation behandelt.

[65] So von A. Pernice, Kipp, Mitteis, Steinwenter.

hat. Anderseits ist für die Extraordinarsachen, auf die sich
unter den älteren Kaisern das Kontumazverfahren in Rom beschränkte, durch die Abweisung der ‚privaten' Denuntiatio, wie
sie Keller lehrt, unsere Grundregel gewahrt, die kein Kontumazurteil zuläßt, wo nicht Ungehorsam gegen amtliche oder
amtlich autorisierte Ladung[66] vorliegt.

IV.

Die amtliche Ladung und das Kontumazverfahren in den Gerichten der italischen Rechtspfleger (*iuridici*).

Die Einwirkung der provinzialen Gerichtsübung auf das
Prozeßrecht der Hauptstadt ist bisher so behandelt, als ob sie
eine unmittelbare gewesen wäre. Nun hoffe ich aber zeigen
zu können, daß sich allem Anschein nach ein Mittelglied ein-
geschoben hat: daß der erweiterte Kontumazprozeß zuerst in
Italien Anwendung fand, ehe er auch in Rom anerkannt wurde.

Schon in der Zeit vor Diokletian sind auf italischem Boden
Ansätze zur Provinzialisierung nachzuweisen, u. z. solche, die
das Gerichtswesen betreffen, die aber für Rom keine Geltung
beanspruchen, und die jedenfalls das Verfahren vor den hauptstädtischen Gerichten ganz unberührt lassen.

Der Anstoß dazu ging von Kaiser Hadrian aus, der als
erster für Italien mit Ausschluß von Rom vier Rechtspfleger
— konsularischen Ranges — bestellte, denen örtliche Bezirke
zur Verwaltung zugewiesen waren.[1] Von Pius beseitigt, taucht
dann diese Einrichtung in etwas veränderter Gestalt unter
Marcus und Verus wieder auf. Nachweisbar sind die neuen
Rechtspfleger, die den Titel *iuridici* führen und prätorischen
Rang haben, zuerst für das J. 163 n. C.[2] Nicht alle Bezirke,

---

[66] Zwischen dem hier Gesagten und der in A. 8 auf S. 15 erwähnten *in
ius vocatio* besteht kein Widerspruch.

[1] Über diese Konsularen und die italischen Juridici handelt zuletzt gründ-
lichst P. Jörs Gerichtsverfassung d. röm. Kaiserzeit (1892) 50—72. Dort
findet man die alte Überlieferung und (50 f., 6) auch die heutige Literatur zusammengestellt. Hinzugekommen ist 1917 ein Aufsatz in Pauly-
Wissowa R. E. X, 1147—1151, der, von einem Nichtjuristen verfaßt, von
der Benutzung rechtswissenschaftlicher Literatur — Mommsen aus-
genommen — absieht.

[2] S. Jörs a. a. O. 64.

denen sie vorstehen, sind ein für allemal fest umgrenzt. Ernannt werden sie wie die Statthalter der legatorischen Provinzen vom Kaiser, der sie aus den Prätoriern nimmt und
ihnen ebenso wie jenen den Wirkungskreis durch Mandate bestimmen kann. Doch bestätigt, wie ich meine, Dio 78, 22 die
an sich wahrscheinliche Annahme eines Gründungsgesetzes, —
sei es eines Erlasses, sei es einer an den Senat gerichteten
oratio des Kaisers Marcus — wodurch der sachliche Amts-
bereich der italischen Rechtspfleger allgemein umschrieben war.[3]

An diesem Orte haben wir es nur mit der Streitgerichts-
barkeit der Juridici zu tun, die — wie Jörs[4] zu zeigen versucht — Extraordinar- wie Ordinarsachen befaßte, dabei aber
— wie man vermuten darf — die Kleinigkeiten ausschloß,
welche den landstädtischen Gerichten gehörten, anderseits eine
gewisse Höchstsumme nicht überschreiten durfte.[5]

Wenn ich recht sehe, ist die Frage bisher unerörtert geblieben, ob sich nicht aus Justinians Pandekten durch Auf-
deckung von Interpolationen Zeugnisse gewinnen lassen, welche
die Rechtspfleger der italischen Bezirke betreffen.[6]

Der *iuridicus* kommt unter seinem richtigen Namen außer
im Titel 1, 20 (fr. 1 u. 2) nur noch einmal in den Digesten

---

[3] So versteht Dios Bemerkung z. B. Dirksen Scriptores hist. Augustae
(1842) 100, Mommsen Feldmesser 2 (1852) 194 f. Anders Jörs a. a. O. 65.

[4] A. a. O. 66—68. Dieselbe Ansicht vertritt Bethmann-Hollweg Zivilprozeß
2, 66, 10.

[5] Vgl. CIL XI n. 376, Mommsen Staatsrecht [3] 2, 1086, 1. 3, Jörs a. a. O. 68.

[6] Unter anderem möchte ich zur Erwägung stellen, ob nicht bei Scaev.
l. 20 (Len. 29) dig. 123 D. 46, 7, 20 hinter dem interpolierten *competens
appellationi iudex* (s. Gradenwitz Sav. Z. R. A. VII. 1, 64) ein italischer
Juridikus zu suchen sei. Ein im echten Text genannter '*praeses provinciae*' wäre von Trib. nicht ausgetilgt worden. Wegen der Appellation
vom Unterrichter an den Beamten, der ihn ernannt hat, s. Ulp. Modest.
D. 49, 3, 1 pr. u. fr. 3. Trotz vielfacher Benutzung in der neuesten
Literatur ist übrigens die Scaevolastelle m. W. nirgends vollständig erklärt. Wenn fr. 20 auch in der Anfrage genau gefaßt ist, so müßte die
Urteilskaution erst vor dem *iudex datus* geleistet sein. Sollen wir hiernach eine Volldelegation (s. oben S. 25 zur A. 24 u. S. 29 A. 33) annehmen,
die dem Unterrichter die Prozeßleitung vom Anfang an überläßt? Oder
hat der Verklagte vor dem Beamten seine Sache noch selbst geführt,
und ist erst vor dem Unterrichter ein *defensor* für ihn eingetreten, so
daß die Kaution dann hinterher notwendig wurde?

vor:[7] bei Scaevola l. 4 resp. 287 D. 40, 5, 41, 5, und hier nicht im Munde des Juristen, sondern des Fragestellers, der ein Gutachten erbittet.

Diese Erscheinung ist leicht zu erklären. Die Gerichtsverfassung Justinians hat unseres Wissens von den drei der älteren Zeit bekannten Arten von Rechtspflegern einen einzigen übernommen: nur den διχαιοδότης, der, wie Ulpian im fr. 2 h. t. (l. 39 ad Sab. 2849) sich ausdrückt, *Alexandriae agit.*[8]

Auf diesen Beamten bezieht sich nach der Absicht der Gesetzgeber zweifellos auch die andere Stelle (fr. 1) im Titel 1, 20 (aus Ulp. l. 26 ad Sab. 2696), die dem[9] *iuridicus* die streitlose *legis actio* zuspricht.

Im allgemeinen aber konnten die Kompilatoren gewiß Äußerungen, die in den klassischen Schriften von einem der verschiedenen Juridikate handelten, nur dann unverändert in die Pandekten übertragen, wenn der fragliche Text geeignet war, Besonderheiten zutreffend auszudrücken, die nach dem neuen Gesetz für den alexandrinischen Rechtspfleger gelten

---

[7] Einer meiner Schüler, Herr Dr. E. Schönbauer, hatte die Güte, den Index der Berliner Kgl. Bibliothek einzusehen und mir die Richtigkeit der obigen Behauptung zu bestätigen.

[8] Vom *iuridicus Alexandriae* ist noch die Rede im C. I. 1, 57 und in den I. 1, 20, 5.

[9] Welchen *iuridicus* Ulpian im fr. 1 im Auge hatte, das ist verlässig nicht auszumachen. Hirschfeld Die Verwaltungsbeamten [2] 351, 3 denkt an den alexandrinischen (wobei er übrigens irrig Verfügungen in Vormundschaftssachen der *legis actio* unterstellt), Jörs a. a. O. 65, 3 an die italischen Beamten. So wenig die von Jörs zum fr. 1 cit. vorgebrachte Erwägung zwingend ist (s. Ulp. 2695. 2696 bei Lenel), darin wird man ihm zustimmen müssen, daß Jurisdiktionsbefugnisse, die für irgendein Juridikat bezeugt sind, sicher auch den italischen Rechtspflegern zukamen. Die dritte Art ist die den Kaiserprovinzen eigentümliche der *legati iuridici*, die schon dem 1. Jh. p. C. angehören und mehrfach selbst in Inschriften bloß 'iuridici' einer bestimmten Provinz heißen (so im CIL III n. 2864 Javolenus Priscus unter Domitian: . . . *iuridico provinciae Britanniae*); s. auch Mommsen Staatsrecht[3] 1, 231, 5, Marquardt Staatsverwaltung[2] 1, 551, 6. Indes wird man diesen letzteren Beamten die *legis actio* nicht beilegen wollen, weil sie sogar den Legaten der Prokonsuln fehlt (Marcian, Ulpian D. 1, 16, 2, 1 u. fr. 3). Ähnlich unsicherer Deutung wie der *iuridicus* des fr. 1 D. 1, 20 ist der bei Scaevola l. c. genannte. — Auf den *iuridicus provincialis* bei Apul. Metam. 1, 6 und R. Hesky Wiener Studien 26, 71 ff. habe ich hier nicht einzugehen.

sollten.[10] Solche Stellen sind außer in 1, 20 in keinem anderen Digestentitel zu finden. Wenn aber doch einmal, u. z. bei Scaevola l. c. der Name 'iuridicus' unangetastet blieb, so liegt dieser Duldung entweder ein Versehen zugrunde, oder — was richtiger sein dürfte — die Kompilatoren waren fest überzeugt, daß mißverständliche Folgerungen aus dem beibehaltenen Urtext der dem Juristen vorgelegten Frage ausgeschlossen seien.

Eine der Diokletianischen Neuerungen war es, Italien mit Ausnahme der Hauptstadt in Verwaltungsbezirke zu zerlegen, um jedem einen *corrector* vorzusetzen. Von dieser Zeit ab verschwinden Marc Aurels *iuridici* aus der Überlieferung. Sie sind also eine längst vor Justinian abgestorbene Einrichtung, deren Erwähnung in der Regel auszutilgen war, wo sie in Texten vorkam, die man den Pandekten einordnen wollte.

An diesem Ort aber soll die Frage der Interpolation nur erwogen werden bei éinem Ulpianfragment, das hier nicht ungeprüft bleiben kann, weil es von Bedeutung ist für die Geschichte des Kontumazverfahrens.

Eine der drei Stellen, in denen Ulpian Teile der durch Senatsbeschluß bestätigten Ferienordnung Marc Aurels[11] erörtert, — in den Dig. 2, 12, 1 — ist dem vierten Buch *de omnibus tribunalibus* (Ulp. 2271) entnommen. Sie lautet (nach Mommsen):

Ne quis messium vindemiarumque tempore adversarium cogat ad iudicium venire, oratione divi Marci exprimitur, quia occupati circa rem rusticam in forum conpellendi non sunt. (1) Sed si [praetor] aut per ignorantiam vel socordiam evocare eos perseveraverit hique sponte venerint: si quidem sententiam dixerit praesentibus illis et sponte litigantibus, sententia valebit,

---

[10] Eine hervorragende Ausnahmestellung nimmt in den Pandekten der 'praetor' ein, in auffallendem Gegensatz zu den sehr kümmerlichen Resten einstiger Machtfülle, welche die Justinianische Gerichtsverfassung (C. 1, 39. D. 1, 14) dem *officium praetorum* zuweist. Allein die Kompilatoren sehen in ihm vor allem den Schöpfer der prätorischen Rechtsordnung (πολὺς νόμος ἐκ τῆς τῶν πραιτώρων ἐξεχέτη φωνῆς lesen wir in Just. Nov. 24 vom J. 535) und halten daher in den klassischen Texten auch die mit der Nomothesie eng verbundene Gerichtsherrlichkeit der alten Prätoren (s. oben S. 6 A. 7) unvermindert aufrecht. Wieder eine Huldigung der Byzantiner für die παλαιότης.

[11] S. Pauly-Wissowa R. E. I, 334 unter Actus rerum.

tametsi non recte fecerit qui eos evocaverit: sin vero, cum abesse perseveraverint, sententiam protulerit etiam absentibus illis, consequens erit dicere sententiam nullius esse momenti (neque enim [praetoris] factum iuri derogare oportet): et citra appellationem igitur sententia infirmabitur. (2) *Sed excipiuntur certae causae, ex quibus cogi poterimus et per id tempus, cum messes vindemiaeque sunt, ad [praetorem] venire: scilicet si res tempore peritura sit, hoc est si dilatio actionem sit peremptura. sane quotiens res urguet, cogendi quidem sumus ad [praetorem] venire, verum ad hoc tantum cogi aequum est ut lis contestetur, et ita ipsis verbis orationis exprimitur: denique alterutro recusante post litem contestatam litigare dilationem oratio concessit.*

Kritischer Untersuchung war dieser Text an verschiedenen Punkten schon wiederholentlich ausgesetzt; der 'praetor' aber, der viermal erscheint, ist bisher nicht angezweifelt.

Am kühnsten geht wie immer G. Beseler [12] vor, der nur sprachlich Anstößiges hervorhebt. Vom § 1 läßt er kein einziges Wort übrig; im ersten Absatz soll die Begründung unecht sein, im § 2 die Wortgruppe 'cogi aequum est'. Durch den letzteren Strich glaubt er das, seiner Meinung nach ,von den dyarchischen Juristen vermiedene' *cogere ad aliquid* beseitigen zu müssen, ohne zu bedenken, daß doch *venire ad hoc, ut . . .* kaum weniger häßlich ist als jene verworfene Verbindung. Übrigens ist zu genauerer Prüfung von Beselers Vorschlägen hier kein Anlaß, weil sie bereits von A. Berger,[13] Mitteis [14] und Steinwenter [15] treffend abgewiesen sind.

Mit schwer faßbaren Verdächtigungen greift A. Pernice [16] den Pandektentext an, zumal da er die Gründe nur erraten läßt, die ihn leiten. Der Eingangssatz, der aus der gesetzlichen Vorlage genommen ist (*oratione d. Marci exprimitur*), soll nicht von Ulpian sein. Weshalb nicht? 'Ad iudicium venire' kann nur einer beargwöhnen, der unter *iudicium* irrig bloß das Verfahren vor dem Privatrichter versteht, während der Ausdruck bei den Klassikern in Wahrheit den ganzen Prozeß mit Ein-

[12] Beiträge zur Kritik II (1911), 35. 49.

[13] Münch. Krit. Vtljschr. 50 (1912), 411. 419. 420. 440.

[14] Sav. Z. R. A. 33 (1912), 196 ff. 199.

[15] A. a. O. 13 f., 2.

[16] Sav. Z. R. A. 14, 158, 5.

schluß des Begründungsaktes anzeigt, u. z. sowohl das *litigare
per concepta verba* wie den außerordentlichen und selbst den
spätkaiserlichen Prozeß. [17] Gerade Marc Aurels Senatsrede
wollte ohne Zweifel eine allgemeine Vorschrift aufstellen,
ohne den Rechtsgang in Ordinar- und Extraordinarsachen zu
unterscheiden.[18] Pernice tadelt ferner die dem Verbot der *oratio* beigefügte
Begründung. So verständig der Schutz der Erntearbeit gegen
Störung sei, so passe doch diese Erwägung ,gar nicht auf eine
große Stadt'. Indes müssen ja in gewichtigeren Sachen auch
Ackerbauer und Winzer vor dem hauptstädtischen Gericht Recht
nehmen. Nur insofern steckt etwas Richtiges hinter jenem
Tadel, als Ernteferien unter den Kaisern für die große Mehrzahl der Stadtrömer ohne rechten Sinn waren, und anderseits
der Landmann gewiß viel häufiger als nach Rom vor ein Gericht gerufen wurde, das in einem Munizipium tagt. Daher
tauchen allerdings einige Bedenken auf, die sich aber nicht
gegen das angefochtene Textstück [19] des ersten Absatzes richten,
sondern gegen die alleinige Nennung des ,Prätors' im § 1 und
§ 2 der Stelle.

Wenn Pernice endlich bemerkt, daß der Anfang des Frag-
ments und der unmittelbar folgende § 1 nicht zusammenstimmen,
weil dort nur von éiner Partei ('*adversarium*') die Rede sei,
während dann sofort ,von beiden Parteien so gesprochen wird,
als wären sie vorher genannt', so nimmt er, wie es scheint,

---

[17] Vgl. Wlassak R. Prozeßgesetze 2, 26 ff. 62 ff.: zu '*ad iudicium venire*'
insbesondere S. 44—47 mit A. 47. Auch Lenel in der Pal. II, 995, 1
streicht '*iudicium*' und setzt '*vadimonium*' ein, Seckel-Heumann [9] S. 297
gar '*tribunal*'.

[18] Ulpian erläutert die Senatsrede außer im obigen Fragment, das sich
augenscheinlich aufs Kontumazverfahren bezieht, noch im zweiten (D. 2,
12, 3; dazu Lenel Pal. II, 424—26) und fünften Buch ad edictum (D. 2,
12, 2; dazu Lenel Pal. II, 435), wo der Jurist sicher den Formelprozeß
als den regelmäßigen voraussetzt. S. auch Kipp Litisdenuntiation 146.
Fälschlich bezieht Pernice Sav. Z. R. A. 14, 159 auch Ulp. l. 77 ad ed.
1700 D. 2, 12, 6 auf die *oratio d. Marci.*

[19] Beseler Beiträge III, 44 schließt es auch deshalb in Klammern ein, weil
es '*circa*' im übertragenen Sinne enthält. Allein B. selbst III, 59 muß
es als ,möglich' einräumen, daß schon Ulpian (Vat. Fr. 125. 213, Coll.
7, 3, 4) ,dann und wann dieses *circa* angewendet hat'. Nach Steinwenter a. a. O. 13, 2 könnte der Satz *et — infirmabitur* ein Glossem sein.

eine von den Kompilatoren verschuldete Auslassung eines oder mehrerer Sätze an.[20]

Nur dies letztere halte ich für richtig, dagegen die beigefügte Begründung für durchaus verfehlt. Weder ist im Text der kaiserlichen *oratio* der Kläger verschwiegen,[21] noch zeigt der im § 1 und 2 beständig gebrauchte Plural die zwei gegnerischen Parteien an. In Abwesenheit ‚Beider', d. h. des Verklagten wie des Klägers, war ja der Beamte selbst *cum res aguntur* nicht befugt, ein Urteil zu fällen.[22] Daher sind unter den Mehreren, die, zu Unrecht geladen entweder erscheinen oder ausbleiben, und ebenso unter denjenigen, die ausnahmsweise auch während der Ferien gültiger Ladung unterliegen, alle Personen zu verstehen, die einmal in die Lage kommen können, als Verklagte evoziert zu werden. Offenbar in diesem Sinn schließt sich Ulpian, der Verfasser der Stelle, selbst mit ein, wenn er im § 2 sagt *cogi poterimus* und dann nochmals *cogendi quidem sumus*.

Von den Textkritikern zum fr. 1 cit., die ich kenne, beobachtet Lenel am meisten Zurückhaltung. In seiner Palingenesie (II, 995, 2) schreibt er — übrigens zweifelnd — nur dem Satze: *hoc est si dilatio actionem sit peremtura* tribonianischen Ursprung zu. Sollten diese Worte wirklich unecht sein, so

<hr/>

[20] So ausdrücklich Steinwenter a. a. O. 13, 2, der zwar richtig die von E. Perrot L'appel dans la procédure de l'ordo iudiciorum (**Paris** 1907) 154, 4 vertretene Deutung von ʼ*absentibus illis*ʼ (l. c. § 1) verwirft, seltsamerweise aber keinen Widerspruch gegen Pernice erhebt und ihm sogar zustimmt.

[21] Das ʼ*quis*ʼ der Senatsrede geht auf den Kläger, nicht auf den Beamten. Denn dem letzteren gegenüber könnte der zu Verklagende doch nicht als ʼ*adversarius*ʼ bezeichnet werden. Zudem will der Kaiser mit seinen Worten auch die rein private Ladung treffen, und diese wohl in erster Linie. Vgl. im übrigen oben S. 38 f. A. 7. Die dort angeführte Paulusstelle l. 1 quaest. 1272 D. 2, 4, 15 (sie gilt für interpoliert; s. Kipp Litisden. 170, 17 u. 175, 12) steht der hier angenommenen Auslegung des ʼ*quis*ʼ nicht entgegen.

[22] Wie sich der Beamte im Kontumazverfahren zu verhalten hatte, wenn der Kläger ausblieb, das sagt uns Ulp. l. 4 de omn. trib. 2275 D. 5, 1, 73, 1. Zu beachten ist ferner die Überschrift von C. 7, 43 und Ulp. l. 5 de omn. trib. 2277 D. 42, 2, 6, 3 in f, wo ʼ*soleat*ʼ gewiß nicht die Möglichkeit einer Ausnahme andeutet. Dazu etwa Bethmann-Hollweg Zivilprozeß 2, 776 u. 3, 308 f., Steinwenter a. a. O. 70 f. Zu Justinians Neuerung in Nov. 112 c. 3 s. Steinwenter 142 ff.

würde man sie wohl ebenso gut als Glossem ansprechen dürfen. Möglich ist gewiß sowohl die erste wie die zweite Annahme. Für wahrscheinlich aber kann die behauptete Unechtheit nur gelten, wenn Ulpian in anderer Weise nicht von dem Vorwurf zu reinigen wäre, etwas ganz Überflüssiges oder Unzutreffendes gesagt zu haben. Demnach fragt es sich, ob die *res tempore peritura*, der der verdächtigte Satz angehängt ist, so unzweideutig und gemeinverständlich war, daß jede Erläuterung beim Leser Staunen erregen mußte?

Hergenommen ist jene Wortverbindung ohne Zweifel aus der Senatsrede des Kaisers Marcus. Denn sie kehrt im fr. 3 D. 2, 12 (aus Ulp. l. 2 ad edictum — 206 Len.) im selben Zusammenhang noch zweimal wieder und das zweite Mal in Begleitung eines Satzes ('*aut actionis dies exiturus est*'), der wohl trotz des einleitenden '*aut*'[23] nur der Erklärung jener *res*[24] durch ein Beispiel dienen soll. Fr. 3 cit. will also sagen, daß zu den ihrer Vergänglichkeit wegen bevorzugten und daher als Feriensachen anerkannten *res* unter anderem auch die zeitlich begrenzten Ansprüche gehören.[25]

---

[23] Wenn ich recht vermute, ist der Schluß von fr. 3 pr. cit. durch einen, Erhebliches tilgenden Strich der Kompilatoren entstellt. Sollte Ulpian nur zu dem Wort '*morte*' Beispiele gegeben haben, nicht auch zu '*tempore*'? Wenn der Jurist hier u A. die Julische und amtsrechtliche Prozeßverjährung nannte, so war die Tilgung insoweit geboten, weil Justinian die Aufhebung des *condemnari oportere* (*debere*) durch Zeitablauf nicht kennt. [Wegen der fälschlich sog. Prozeßverjährung des jüngsten Rechtes vgl. Wlassak Anklage 146 f. 102, 6 und aus der älteren Literatur besonders C. G. Wächter Erörterungen III, 36, 40, der auch den Verjährungsfall der c. 1 § 1 C. Th. 4, 14 (Theod.) und c. 9 C. I. 7, 39 (Just.) richtig beurteilt.] Als ein Überrest des stark gekürzten Urtextes dürfte das heute störende '*aut*' anzusehen sein. — Zu erwägen ist noch, ob die Absonderung der *res morte* von den *tempore periturae* schon der Senatsrede des Kaisers angehört, oder eine Neuerung der Juristen ist? Fr. 1 § 2 D. 2, 12 erwähnt bloß die *res tempore periturae*.

[24] Ulpian faßt die '*res*' der Senatsrede richtig in weitem Sinne = *causae*. In anderem Zusammenhang (l. 14 ad ed. 480 D. 50, 16, 23) bezeugt er auch ausdrücklich diese Wortbedeutung. Anders Paulus (D. 2, 7, 4 pr.), der bei der Erläuterung des Ediktes bei Lenel § 12 die befristete *actio* (d. h. *a. in personam* = Anspruch) und die durch Zeitablauf bedrohte *res* sondert; vgl. auch Gaius l. 4 ad ed. prov. 111 D. 27, 6, 10.

[25] Eine andere Auffassung vertritt E. I. Bekker Die proc. Consumption (1853) 325. Daß ich Bekkers ungeheuerlichen Aktionenbegriff (Aktionen

Freilich ist damit der im Senatsgesetz aufgestellte Begriff keineswegs erschöpft. Durch Zeitablauf gefährdet ist auch [26] das Eigentum, dem Vollendung einer Ersitzung, und die Servitut, der Erlöschung durch Nichtgebrauch droht, ferner die *res in iudicium deducta* (das Prozeßverhältnis), der die Julische oder prätorische Prozeßverjährung ein Ende bereiten kann, und die notwendig wieder dem Beamten vorzulegen war, so oft sich das Bedürfnis ergab, die Streitformel zu ändern.

Was sich hiernach als Inhalt der *res tempore peritura* herausstellt, ist sicherlich weder für heutige Leser, noch war es für Ulpians Zeitgenossen durchaus selbstverständlich, um so weniger als gerade Ulpian an anderem Ort (l. 14 ad ed. 478 D. 5, 3, 5 pr.) genau die Worte der *oratio* in wesentlich abweichendem Sinne gebraucht.

So bleibt nur das Bedenken noch übrig, ob der erklärende Zusatz im fr. 1 § 2 cit. so fehlerhaft oder so ungenügend ist, daß er einem Klassiker nicht zuzumuten wäre? Allein dieser Vorwurf dürfte um nichts besser begründet sein als der eben abgewiesene. M. E. wäre jene erläuternde Bemerkung stark verkannt, wenn man sie bloß als Umschreibung der Temporalaktionen — prätorischen und zivilen [27] Ursprungs — auffassen wollte. Richtig verstanden greift sie viel weiter und will die Gefahr näher bestimmen, der gewisse Rechtsgüter durch die Gerichtsferien preisgegeben sind. Die Antwort aber lautet: bei den *res tempore periturae* führt das Ruhen der Rechtspflege (*dilatio*) zuweilen den dauernden Ausschluß wirksamer Verfolgung im Gerichtsweg herbei (*actionem* [28] *perimit*). Dagegen

---

[1, 15—1871) verwerfe und die Verselbständigung sowohl der *actio* wie der *res qua de agitur* (des Inhalts der *actio*: von Bekker sehr unpassend ,Anspruch' genannt) für einen Mißgriff halte, brauche ich kaum noch ausdrücklich zu erklären; vgl. Pauly-Wissowa R. E. I (1894), 303—308. 313—315.

[26] Nützlich ist hier die Vergleichung des prätorischen Ediktes (D. 4, 6, 1, 1) über die Wiedereinsetzung zu Gunsten Abwesender und gegen Abwesende.

[27] Nach der L. Furia gehört hierher das Prozeßmittel der Gläubiger gegen Sponsoren und Fidepromissoren. Über den Unterschied dieser gesetzlichen Actio temporaria von den amtsrechtlichen vgl. Pauly-Wissowa R. E. I, 321.

[28] 'Actio' ist hier wie das Prozeßmittel (u. z. *in personam* und *in rem*) so auch das kontestierte Prozeßverhältnis: die *res in iudicium deducta*; s. Pauly-Wissowa R. E. I, 307.

aber ist billigerweise Hilfe zu gewähren, u. z. durch Anordnung von Ausnahmen.

So gedeutet scheint mir der mit 'hoc est' beginnende, erklärende Satz gegen Verdächtigung ausreichend geschützt zu sein. Bis auf weiteres wird er eher für echt gelten müssen. Folgt man übrigens der Neigung vieler heutigen Schriftsteller, die den juristischen Klassikern Alles aberkennen, was in den Texten zur Not entbehrlich ist, so werden vermutlich im fr. 1 cit. auch noch die letzten Sätze des § 1: von 'neque enim' ab bis 'infirmabitur' der üblichen Einklammerung nicht entgehen. Denn so viel steht fest: kundigen Lesern brauchte es Ulpian nicht erst zu sagen, daß anerkannte Rechtsätze durch verkehrte Sprüche des Gerichtsbeamten keineswegs außer Kraft treten, und daß es der Regel nach überflüssig sei, nichtige Urteile mittels Appellation anzugreifen. Indes hat es wenig Wert, auf so schmaler und unsicherer Grundlage Texteskritik zu üben, wenn doch die Verdächtigung des Ursprungs weder eine Schwierigkeit aufzulösen noch sonst das Verständnis der Stelle zu fördern vermag.

Bessere Ergebnisse aber dürften wir erwarten, wenn es gelänge, in dem Ulpianischen Fragment Spuren zu finden, die auf die Gerichtsbarkeit der italischen *iuridici* hinweisen, und wenn demnach die Unechtheit des l. c. wiederholt genannten 'praetor' etwas Wahrscheinlichkeit gewänne.

Beachtung verdient vor allem der Name des Werkes, aus dem die uns beschäftigende Stelle genommen ist. Die Überschrift, welche fr. 1 cit. aufweist, kommt in den Pandekten noch 33 mal vor und lautet überall ohne die geringste Abweichung 'de omnibus tribunalibus'. Sicherlich haben die Kompilatoren diesen Namen, u. z. als einzigen, in der von ihnen benutzten Handschrift gefunden und ohne Zusatz in die Pandekten übertragen, weil sie ihn auf den Verfasser selbst zurückführten.

Der zweite Titel: 'Protribunalia', den Pernice[29] in Schutz nimmt, um ihn für die Inhaltsbestimmung der Schrift ausbeuten zu können, ist nur in griechischer[30] Fassung und außer bei

[29] Sav. Z. R. A. 14 (1893), 136 f.

[30] Eine lateinische wäre anzunehmen, wenn das von Justinian in der c. Tanta (Δέδωκεν) § 20 angeordnete Schriftenverzeichnis doppelsprachig

Lydus de mag. 1, 48 nur noch im Florentiner Index überliefert.
Jörs[31] nennt ihn mit Recht eine ‚vulgäre‘ Bezeichnung. Dabei
darf auch an die ʽ*Aurea*ʼ des Gaius erinnert werden. Ähnlich
wie für dieses[32] Werk wird für Ulpians Schrift jene zweite
Bezeichnung entstanden sein; vermutlich erst in nachklassischer
Zeit und im Munde von Lesern, die, unbekümmert um Sprach-
richtigkeit, den neuen Namen aus zwei Wörtern zusammen-
flickten, weil sie statt des länglichen Titels einen kurzen und
bequemeren haben wollten.

Durchaus anders urteilt freilich Alfred Pernice im fünften
Stück seiner Parerga. Ihm gilt der Titel ʽ*protribunalion libri*ʼ
als der ursprüngliche. Denn Ulpians Bücher handeln, wie
Pernice von vornherein annimmt, ‚über τὰ *pro tribunali*, latei-
nisch etwa *de omnibus eis quae pro tribunali aguntur*‘. Daraus
sei durch ‚ungeschickte Verkürzung und Zusammenschiebung
des ursprünglichen‘ in spätester Zeit der lateinische Titel entstanden. ʽ*De omnibus tribunalibus*ʼ aber, der Name also, den
— wie ich glaube — alle Unbefangenen[33] für echt halten, sei
‚sprachlich und sachlich gleich anstößig‘.

Diese letzte, verblüffende Behauptung ist wohl am leich-
testen als unhaltbar zu erkennen. Indes schließt die mitgeteilte
Erörterung der Titelfrage auch sonst so viel des Willkürlichen
ein, daß sie füglich hätte unerwähnt bleiben können, wenn ihr

---

angefertigt sein sollte, wofür Mommsen in der Vorrede zur großen
Digestenausgabe vom J. 1870 S. XI bessere Gründe vorbringt als Puchta
Kleine ziv. Schriften 217 f.

[31] Pauly-Wissowa R. E. V (1905), 1454 f.

[32] Über den Ursprung des Namens ʽ*aurea*ʼ s. Dernburg Die Institutionen
des Gaius 98. Den Auszügen aus diesem Werke in den Digesten sind
bald beide Titel, bald nur der echte oder nur der vulgäre voraufgeschickt; s. Mommsen in der großen Digestenausgabe zu D. 17, 1, 2.
Der Florentiner Index kennt die *res cottidianae* nur als *aureon* βιβλία
ἑπτά und ebenso die Schrift Ulpians nur als *protribonalion* βιβλία δέκα.
Belege für die Unzuverlässigkeit des Index stellt Krüger Quellen ² 371 f.
zusammen.

[33] Darunter auch B. Kübler (Festschrift zu O. Hirschfelds 60. Geburtstag
1903 S. 58—60), gewiß ein treuer Schüler von Pernice, der dessen Aufsatz zwar als ‚meisterhaft‘ preist, trotzdem aber die Ausführung über
den Titel des Ulpianschen Werkes so behandelt, als wäre sie nicht geschrieben. Anders Samter Nichtförml. Gerichtsverf. 100, 1 S. 155, der
ausdrücklich gegen Pernice Widerspruch erhebt.

Urheber nicht ein so oft benutzter und so hoch geschätzter
Schriftsteller wäre.

Im Gegensatz zu Pernice ist hier eines besonders hervor-
zuheben. Wie der Name des Werkes zeigt, der deutlich genug
redet, will Ulpian in seinen zehn Büchern von allen Tribunalen,
d. h. von allen amtlichen Gerichten handeln, keineswegs von
allen Dingen, die vom Tribunal aus erledigt werden.[34] Wenn
anderseits die nicht gerade zahlreichen Bruchstücke, die wir
haben, nirgends den Plan der Arbeit aufweisen und nur sehr
selten durchschimmern lassen, mit welchem Gericht sich der
Verfasser in diesem oder jenem Buche beschäftigen mochte,
so ist dieser Mangel sehr wohl begreiflich. Die meisten Tribunale, deren Aufgaben Ulpian beschrieben hatte, waren zur
Zeit Justinians nicht mehr vorhanden, und jedenfalls war die
Absicht der Kompilatoren nur darauf gerichtet, Aussprüche der
Juristen über gerichtliche Geschäfte den Pandekten einzufügen, während ihnen die Verteilung der Jurisdiktion an die
einzelnen Tribunale, wie sie einstens geordnet war, gleichgültig
sein mußte.[35]

Den richtigen Weg zur Würdigung der Ulpianischen
Schrift hat übrigens schon B. Kübler eingeschlagen, allerdings
nicht ganz im Einklang mit dem Lob, das er dem Ergebnis
der Abhandlung von Pernice[36] spendet. In einem Beitrag zur

---

[34] So äußert sich auch Lydus de mag. 1, 48: *"Ο γε μὴν Οὐλπιανὸς ἐν τοῖς
προγραφομένοις προτριβουναλίοις λεπτοτέρως τοὺς περὶ τῶν πραιτό-
ρων διεξῆλθε λόγους, τοὺς μὲν tutelarios, τοὺς δὲ fideicommissarios
ὀνομάζων ·* ...

[35] Zutreffendes darüber auch bei Pernice Sav. Z. R. A. 14, 166 f. 178 f.

[36] A. a. O. 14, 166 behauptet Pernice: Ulpian wollte in seiner Schrift *de
o. tr.* überhaupt nicht ‚vom ordentlichen Gerichtsverfahren‘ sprechen, und
noch deutlicher Kübler a. a. O. 58: die Schrift handle ‚von der *extraordinaria cognitio* der römischen Magistrate‘. Wer sich so ausdrückt, stellt
fälschlich die amtliche Kognition allgemein in Gegensatz zum ‚ordentlichen‘ Prozeß (s. dagegen den Aufsatz *cognitio* in Pauly-Wissowa R. E.
IV, 206 ff. 215 f.) und versucht es wieder, wie einstens Rudorff und
Joh. Kuntze, das überaus vieldeutige ‘*extra ordinem*’ der römischen
Quellen zu vereinheitlichen: was nur Verwirrung stiften kann (vgl.
Wlassak Krit. Studien 85—94). Die quellenwidrige ‚extraordinaria cognitio im weiteren Sinne‘ von Keller (Zivilprozeß § 1 in f. § 74—80)
ist schon von Mommsen Jur. Schriften 1, 170, 10 und besonders von
Bethmann-Hollweg Zivilprozeß 2, 762 f. abgewiesen.

Festschrift für O. Hirschfeld vom J. 1903 unternimmt es Kübler, das von Pomponius (D. 1, 2, 2, 34) bezeugte *iura reddere* der *decem tribuni plebis* aufzuklären und macht dann gute Gründe geltend für die Vermutung, daß in dem Werk über die Tribunale das 8. und 9. Buch — ganz oder teilweise — der Darstellung der den kaiserzeitlichen Volkstribunen eingeräumten Gerichtsbarkeit gewidmet war.

Freilich weist, wie in den eben genannten Büchern, so auch im 1. bis 5.ten — den einzigen, die noch Fragmente für die Pandekten geliefert haben — der heutige Text bloß den 'praetor' und den 'praeses provinciae' als Träger der Jurisdiktion auf, bald den einen bald den anderen bald beide nebeneinander, und den ersteren immer ohne Beifügung eines unterscheidenden Merkmals, obwohl Ulpian — wie Lydus l. c. 1, 48 berichtet — ausdrücklich des tutelarischen und fideikommissarischen Prätors gedacht hatte. So erhebt sich unabweisbar die Frage, ob die Beamtennamen, wie wir sie jetzt lesen, durchaus echt sind?

Besonders der 'praeses provinciae' erregt Verdacht, weil Ulpian, ohne dem Titel des Werkes untreu zu werden, in der Lage war, durch einen einzigen Satz, der sich mit dem Ausspruch des Proculus und Marcian in den D. 1, 18, 11. 12 gedeckt hätte, jede besondere Erörterung der Statthaltergerichtsbarkeit abzulehnen. Durch den Aufsatz von Kübler dürfte nun der Eindruck sehr gefestigt sein, daß ein nicht näher bestimmter 'Prätor' und daneben der Provinzstatthalter nicht die einzigen Beamten sein konnten, von denen in den 10 Büchern über die Tribunale gehandelt war.

Vollends unhaltbar aber erweist sich diese Annahme, wenn der Titel der Schrift: 'über alle Tribunale' wirklich ernst genommen wird. Zu erwägen ist nur, ob wir auch befugt sind, so zu urteilen, oder ob nicht im Gegenteil der Betonung der *omnia tribunalia* erhebliche Bedenken entgegenstehen? Ohne Zweifel liegt ja der Einwand nahe, daß Ulpian, um dem Titel der Schrift gerecht zu werden, vor allem das Wichtigste: die Tätigkeit des Stadtprätors im Formelprozeß hätte darlegen müssen, wofür sich doch keinerlei [37] Anzeichen auffinden lassen.

---

[37] Von Ulp. D. 2, 12, 1 sehe ich einstweilen noch ab.

Das Letztere soll auch ohne weiteres eingeräumt werden. Indessen dürfte diese Erscheinung ohne Schwierigkeit mit dem bisher Gesagten in Einklang zu bringen sein.

Das in Rede stehende Werk ist unter der Alleinregierung Caracallas herausgegeben und wohl auch verfaßt.[38] Bedeutend älter, mindestens in der ersten Niederschrift in die Zeit des Severus (193—198 p. C.) zu setzen ist die umfangreichste Arbeit aus Ulpians Feder: die libri ad edictum, in denen die Gerichtsbarkeit des Stadtprätors ganz ausführlich erörtert war. Beschränkt man die erwähnte Altersbestimmung auf die ersten 35 Bücher des Ediktkommentars, so darf von einer heute allgemein gebilligten Ansicht gesprochen werden.[39] Sicher also stand der Plan des Hauptwerkes längst fest, als Ulpian unter Caracalla an die Anfertigung von Unterweisungsschriften über das *officium* einer Anzahl von Beamten[40] und ziemlich gleichzeitig an die Abfassung der Schrift *de omnibus tribunalibus* herantrat.

Die letztere wird in der Tat eine Aufzählung sämtlicher amtlichen Gerichte gegeben haben, ohne doch von jedem einzelnen auch nur entfernt mit gleicher Ausführlichkeit zu handeln. In einem Werke von nur zehn Büchern konnte ja niemand einläßliche Darstellungen der vielumfassenden prätorischen und daneben der Jurisdiktion aller anderen Gerichtsbeamten erwarten. Vielmehr wird der Verfasser überall, wo er imstande war, sich auf eine eigene, früher vollendete oder doch begonnene Arbeit zu beziehen, die Erörterung des eben in Frage kommenden Gerichtes ersetzt haben durch Hinweisung[41] des Lesers auf den Ediktkommentar oder eine der Abhandlungen über die Beamtenoffizia.

Demnach war es wohl Ulpians Grundplan, eine möglichst vollständige Darstellung der weitverzweigten Jurisdiktion der römischen Beamten zu geben. Die Schrift über die ‚sämtlichen

---

[38] Vgl. Fitting Alter[2] 119, P. Krüger Quellen[2] 247, 192.

[39] Die Hauptschriftsteller über die Entstehungsgeschichte von Ulpians Kommentar sind Fitting, Mommsen, Jörs. Die Literatur verzeichnet genauer Kipp Quellen[3] 140, 53; dazu noch Krüger Quellen[2] 242, 163—166.

[40] Unbestimmbar ist der *lib. singularis de officio consularium*; s. Jörs in Pauly-Wissowa R. E. V, 1452.

[41] Vgl. Gai. 1, 188.

'Tribunale' sollte den Kreis schließen. Vor allem sollte sie diejenigen Gerichte behandeln, denen Ulpian bisher keine besondere Besprechung hatte zuteil werden lassen, und vermutlich sollte sie auch Nachträge bringen über den Stadtprätor und andere Gerichtsherren, deren Jurisdiktion schon in einem früheren Werk dargelegt war.

Auf eine Folgerung, die sich aus dem Namen der ‚zehn Bücher' ergibt, muß hier besonderes Gewicht gelegt werden. Wenn der Verfasser die Absicht hatte, dem Leser 'sämtliche' Tribunale vorzuführen, bald nur andeutungsweise bald in eingehender Beschreibung, so konnten gewiß die italischen *iuridici* nicht beiseite bleiben, da sie eine wichtige Gruppe von Beamten bilden, denen seit Marc Aurel und unter den Severen ein ansehnlicher Teil der Jurisdiktion zugewiesen war. Eine eigene Arbeit aber hat unseres Wissens Ulpian über diese *iuridici* nicht veröffentlicht. Daher dürfen wir mit großer Wahrscheinlichkeit mindestens éin Buch der Schrift über die Tribunale für den italischen Juridikat in Anspruch nehmen. Das Bedenken, das bei den Volkstribunen obwaltet: daß nichts bekannt ist über ein ihnen zugebilligtes Tribunal,[42] fällt hier hinweg. Denn von éinem der Hadrianischen Konsularen, den Vorgängern[43] der prätorischen Juridici, wird berichtet: *cum tribunal ascendisset*.[44]

Dies voraufgeschickt ist nun zu fragen, ob sich Gründe finden lassen, welche die Beziehung gerade des fr. 1 cit. (aus dem 4. Buche *de o. trib.*), in der ursprünglichen Fassung, auf den Juridikat nahelegen?

Eine schwache Spur, die kompilatorische Verfälschung erraten läßt, weist der florentinische, von Mommsen zu Unrecht geänderte Text des § 2 auf. Wenn Ulpian hier zweimal des Rechtszwanges gedenkt, ausnahmsweise selbst in den Ferien der Berufung vors Beamtengericht Folge zu leisten, und dabei zuerst die Mehrzahl: 'ad *praetores venire*' verwendet, dann sofort die Einzahl: 'ad *praetorem*', so braucht uns dieser

[42] S. Kübler Festschrift 58, 1.
[43] Vgl. Hist. Aug. v. Marci 11, 6.
[44] Hist. Aug. v. Pii 3, 1. Die Nachricht betrifft den nachmaligen Kaiser Pius.

Wechsel noch nicht zu befremden, da ja nebeneinander mehrere
Gerichte tätig waren und anderseits die éine Ausdrucksweise
nicht minder statthaft ist als die andere. Mommsen hat als
Herausgeber die LA. 'ad praetorem', die in jüngeren Handschriften begegnet, wohl um deswillen bevorzugt, weil die Zusammenfassung der zu sehr verschiedenartigen Aufgaben bestellten Prätoren immerhin auffällt, zumal da unter diesen Beamten einige sind, vor denen ein Prozeß mit actio temporalis,
wie ihn Ulpian zur Rechtfertigung des Ferienbruchs anführt,
niemals verhandelt wurde. Jeder Anstoß aber fällt weg, wenn
wir an Stelle der praetores die italischen iuridici einsetzen und
den Interpolator genau nach dem Muster der echten Vorlage
bald die Mehrzahl, bald die Einzahl einfügen lassen.

Der Geschäftsbereich dieser Rechtspfleger, von denen jeder
einem anderen Bezirke vorstand, war sicher der Regel[45] nach
bei allen im wesentlichen der nämliche, und keiner von ihnen
überragte daher die anderen, während unter den Prätoren allerdings der städtische durch die ihm zugeteilte weitreichende
Aufgabe besonders ausgezeichnet war. Hiernach ist es nur
natürlich, daß ein Schriftsteller, der das italische Gerichtswesen
schildern will, von den Juridici in der Mehrzahl spricht, während er bei der Erörterung der hauptstädtischen Rechtspflege
fast immer nur éinen Prätor, bald diesen bald jenen ins Auge
fassen mochte.

Bezog sich der echte Text des fr. 1 cit. nicht auf den
Urbanprätor, auch auf keinen der anderen Prätoren, so verstehen wir leicht, wie Ulpian dazu kam, die Marcische Ferienordnung im vierten Buch de omnibus tribunalibus nochmals zu
behandeln, obwohl er sie vorher schon in seinem Ediktskommentar an zwei[46] Stellen: beim Vadimonium, das Orts-
wechsel bezweckt, und bei der privaten Ladung erörtert hatte.
Was die Kaiserrede insbesondere über die Ernte- und Wein-
leseferien bestimmt, das hatte für die hauptstädtische Juris-

---

[45] Auf eine Ausnahme deutet die dem iuridicus de infinito M. Aelius
    Aurelius Theo gesetzte Inschrift (CIL XI n. 376 p. 83) aus der Mitte des
    dritten Jh. hin; vgl. Jörs Gerichtsverfassung 65.
[46] S. oben S. 64 A. 18. Im fr. 2 D. 2, 12 (Ulp. n. 255) könnte man die eadem
    oratio und die aliae species vielleicht den Kompilatoren zuschreiben.
    Notwendig aber ist die Streichung keineswegs.

diktion nur sehr geringe Bedeutung; dagegen um so größere für die Gerichte in den italischen Landstädten.[47] Hatte aber Ulpian — wie wir vermuten — sein viertes Buch der Darstellung des Juridikats gewidmet, so war gerade dieses Buch der Ort, wo eine Erläuterung jener Bestimmung der Marcischen Ferienordnung gar nicht fehlen konnte.

So beachtenswert die im vorstehenden angeführten Umstände sein mögen, für sich allein sind sie nicht geeignet, die behauptete Unechtheit des Beamtennamens im fr. 1 cit. darzutun. Ein wirklich durchschlagender Beweisgrund ist nur aus dem Mittelstück der Stelle zu gewinnen. Zwischen diesem (§ 1) und dem Anfang muß ein Satzgefüge ausgefallen[48] sein, worin Ulpian von verklagten Parteien sprach, die schon der ersten Ladung Folge leisten, obwohl diese gegen die Marcische Ferienordnung verstieß. Dagegen, wie die Stelle heute lautet, setzt sie sofort mit einer geschärften zweiten Ladung ein ('*perseveraverit*'!), die ein '*praetor*' ausführt, z. B. mit einer amtlich vollzogenen Denuntiation. Und wie die Ladung nicht die des Formelverfahrens ist, so wird auch das Urteil nicht von einem Privatmann gefällt, auch nicht von einem Unterrichter. Vielmehr lesen wir: *si praetor . . . sententiam dixerit . . . sententiam protulerit*.

Das Verfahren, von dem § 1 handelt, ist also vom Anfang bis zum Ende durchaus amtlich; u. z. ist es des näheren ein Kontumazprozeß, eingeleitet durch wiederholte Ladung und ausmündend in eine Urteilsfällung, die in Abwesenheit des niemals erschienenen Verklagten erfolgt.

So unverkennbar der eben dargelegte Inhalt des § 1 ist, so schwierig wird es sein, den '*praetor*' in Rom ausfindig zu machen, der nach amtlicher Ladung in der Sache des ausgebliebenen Verklagten selbst das Urteil spricht. Vor dem Urbanprätor kommt zur Zeit Marc Aurels zweifellos noch der alte privatrichterliche Prozeß zur Anwendung, in dem es keine amtliche Ladung gibt und der entscheidende Richter erst beigeschafft wird durch einen Akt der in Jure anwesenden Streitparteien.

---

[47] Vgl. dazu oben S. 64.

[48] Diese Wahrnehmung ist nicht neu; s. oben S. 64 f. mit A. 20.

Ob der Stadtprätor der Kaiserzeit gelegentlich eine Extra-
ordinarsache [49] zur Verhandlung annahm, das ist zum mindesten
zweifelhaft. Keinesfalls würde eine Gerichtsbarkeit von so ver-
schwindend geringer Bedeutung zu einer befriedigenden Er-
klärung von fr. 1 führen. Viel näher läge es, an einen der jüngeren Prätoren, z. B.
den *fideicommissarius* zu denken, in deren Geschäftskreis ausschließlich *extra ordinem* zu erledigende Streitsachen gehören.
Allein dieser Ausweg ist durch den § 2 der Stelle, der die
bevorzugten Feriensachen nennt, so gut wie versperrt. Wo ein
Aufschub Schaden brächte, sollen nach der Senatsrede die Parteien in den Ferien wenigstens Lis kontestieren, — zur Recht-
sicherung — während die Fortführung des Prozesses dann ver-
tagt werden soll. Schon diese Erwähnung der Streitbefestigung
weist auf Anwendung des Formelprozesses [50] hin und vollends
mit der *res tempore peritura*, deren *actio* durch *dilatio* gefährdet
ist, müssen Ordinarsachen befaßt sein, z. B. die zahlreichen
Temporalansprüche des prätorischen Rechtes.

Hiernach aber sind wir genötigt, hinter dem Decknamen
des Pandektentextes einen Beamten zu suchen, der in seiner
Hand die Leitung und — nach seinem Ermessen — auch die
Entscheidung sämtlicher Prozesse vereinigt, welche — wie es
Marcian (D. 1, 18, 11) im Hinblick auf den Statthalter aus-
spricht — in Rom *varios iudices habent*. Alle diese Prozesse,
mögen sie Extraordinar- oder Ordinarsachen betreffen, können
ferner gegen den ungehorsamen Verklagten durch Kontumazurteil erledigt werden. Ungehorsam setzt aber amtliche oder
halbamtliche Ladung voraus. Zu solchem 'evocare' muß also
die Gerichtsobrigkeit des echten Textes in Rechtshändeln aller
Art befugt und bereit gewesen sein, gleichviel ob der Kläger

---

[49] S. oben S. 70 A. 36. Das Wiedereinsetzungsverfahren ist den Römern
weder ein Prozeß (*iudicium*) noch extraordinär; vgl. Wlassak Sav. Z. R. A.
28, 80; Krit. Studien 87 ff. [Übrigens halte ich den Schlußsatz: *causa —
perpendendae sunt* bei Ulp. D. 4, 4, 13 pr. für interpoliert.] Der 'praetor'
des S. C. Rubrianum etc. ist der fideikommissarische, nicht der städtische;
s. Jörs Gerichtsverfassung 42.

[50] Für das klassische *extra ordinem* läßt sich m. E. ein Akt, den die Juristen
als *litis contestatio* bezeichnen, nicht ohne Grund anzweifeln. Eine vorläufige Bemerkung darüber in meiner Anklage 181 f.

vorher eine Privatladung[51] erfolglos versucht oder sofort die Mithilfe des Beamten angerufen hatte.

Wie man sieht, setzt fr. 1, unbefangen gedeutet, einen Gerichtsvorstand voraus, dem Amtsgewalt der Art[52] nach in gleicher Fülle zusteht, wie sie oben (S. 13 ff.) für die Statthalter des zweiten Kaiserjahrhunderts erwiesen ist. Anderseits wäre es verkehrt, den unechten 'praetor'[53] der Pandekten durch den 'praeses provinciae' zu ersetzen. Denn dieser letztere wäre den Kompilatoren gerade willkommen gewesen und daher nicht beseitigt worden. Zudem hätte Ulpian als Verfasser von 10 Büchern de officio proconsulis keinen Anlaß gehabt, in dem Werk über die Tribunalien anders als durch Verweisung und ergänzende Bemerkungen auf die Statthalterschaft einzugehen.[54]

Mithin dürfen wir zur Herstellung des echten Textes von fr. 1 weder einen stadtrömischen Beamten noch die Provinzialvorsteher heranziehen. Von italischen Magistraten aber, für die eine ähnliche Jurisdiktion vermutet werden darf, wie die Statthalter sie hatten, kommen nur die Juridici in Betracht.

Was den Einwohnern der überseeischen Länder, besonders den dort ansässigen Römern, gewährt wurde durch Einsetzung von Regenten mit Gerichtsbarkeit: der Vorteil, ein vom eigenen Wohnsitz nicht zu weit entferntes, daher leicht zugängliches Gericht zu haben, das sollte im zweiten Kaiserjahrhundert für wichtigere Sachen auch den Italikern verschafft werden. Und wie die Vorsteher der Provinzen der Mehrzahl nach kaiserliche Beamte sind, so waren es auch in Italien die Kaiser,[55] die den Bezirken je einen Gerichtsmagistrat vorsetzten. Doch ist die Ernennung, gleich der der Legati Augusti, insofern nicht unbeschränkt, als zuerst konsularischer, seit Marcus prätorischer Rang für den italischen Rechtspfleger gefordert wird. Wie beim legatorischen Statthalter so lebt in gewissem Sinn auch

<hr>

[51] Rechtlich statthaft war die in ius vocatio auch bei Extraordinarsachen; s. oben S. 15 A. 8.

[52] Nicht dem Umfang nach. Begrenzung der Jurisdiktion durch eine Höchstsumme ist mit fr. 1 cit. wohl vereinbar.

[53] Die Unechtheit des 'iudex' bei Ulp. l. 4 de o. trib. 2272 D. 42, 1, 59 pr. § 1 ist schon von Lenel erkannt. Doch ist als Ersatzwort nicht 'praeses', sondern 'iuridicus' einzufügen.

[54] Dazu das oben S. 71 Gesagte.

[55] S. Jörs Gerichtsverfassung 52. 64 f. und oben S. 60.

beim Juridikus das früher verwaltete republikanische Oberamt
wieder auf, obwohl der Konsular und der Prätorier in die neue
Stelle vom Kaiser berufen wird und dessen Weisungen unterworfen ist.

Bei so weit gehender Ähnlichkeit ist es gewiß gestattet,
auch für den Inhalt der den Juridici verliehenen Gerichtsbarkeit als Muster die statthalterliche Jurisdiktion vorauszusetzen,
so wie diese im zweiten Jahrhundert gestaltet war. Hier wie
dort sind also Ordinar-[56] und Extraordinarsachen nicht mehr
streng geschieden. Für die ersteren ist die Formel und die
Streitbefestigung noch im Gebrauch.[57] Dagegen verwendet der
Juridikus wohl niemals zur Fällung des Urteils noch Volks-
und Privatrichter. Keinesfalls aber besteht für ihn noch die
Pflicht, die Judikation Anderen zu überlassen. Wenn er die
Streitsache nicht der eigenen Entscheidung vorbehält, ist der
Urteiler ein von ihm ernannter Vertreter. Im Punkte der
Ladung endlich hat das Recht des Extraordinarverfahrens die
Oberhand gewonnen. Ohne Rücksicht auf die Beschaffenheit
der Streitsache ist der Juridikus befugt, die amtliche Evokation
in ihren verschiedenen Formen anzuwenden.

Damit aber hängt aufs engste die Erstreckung des Kontumazverfahrens auf Ordinarsachen zusammen. Ungehorsam
gegen die Evokation kann zur Wiederholung der Ladung und
bei abermaligem Ausbleiben des Verklagten zum Urteil ohne
voraufgehende Streitbefestigung führen. Solchenfalls darf dann
gewiß von einem Prozeß *per concepta verba* nicht weiter die
Rede sein, weil die Formel ihre beherrschende Stellung von
Rechts wegen erst durch die Kontestatio gewinnt, und diese hier
wegfällt. Die eine Prozeßart schließt also die andere aus. Nur
insofern ist eine Berührung innerhalb desselben Verfahrens
möglich, als der Kläger, der in Ordinarsachen Evokation erbittet, zur vorläufigen Edition seines Begehrens durch Vorlage
eines Formelentwurfs[58] verpflichtet ist, und dieser doch nicht

---

[56] Wenn ich fr. 1 cit. richtig auslege, bestätigt es unverkennbar den schon
　　von Jörs a. a. O. 66—68 aus verschiedenen Nachrichten abgeleiteten
　　Schluß, daß auch Prozesse in Ordinarsachen vor die Gerichte der itali-
　　schen Juridici gewiesen waren.

[57] S. oben S. 23 ff.

[58] Vgl. Wlassak Anklage 176, 90.

alle Bedeutung einbüßt, wenn der Verklagte die Kontestatio durch sein Ausbleiben vereitelt und der Beamte demnächst nach dem Antrag des Klägers den Prozeß durch Kontumazurteil entscheidet.[59]

Die hier versuchte Auslegung von D. 2, 12, 1 wirft, wenn sie etwas Richtiges enthalten sollte, nach zwei Seiten hin etlichen Gewinn ab.

Für die sehr bestrittene Frage[60] nach dem Umfang des Versäumnisprozesses in der Zeit der Klassiker ist oben eine Lösung begründet, die zum mindesten gegen den Vorwurf geschützt ist, ein sicher hergehöriges, schwieriges Quellenzeugnis nicht beachtet zu haben. Gemeinhin[61] werden nämlich Zweifel gegen die Beschränkung des älteren Kontumazurteils auf Extraordinarsachen nur auf Julian l. 46[62] dig. 633 D. 5, 1, 75 und auf Ulpian l. 7 de off. proc. 2189 D. 48, 19, 5 pr. gestützt.

In der ersteren Stelle ist von einem 'praetor' die Rede, der dem einer Schuld wegen Verklagten gebietet (iubet), vor Gericht zu erscheinen; der dann mit Ediktalladungen vorgeht und endlich den Ausbleibenden selbst verurteilt (pronuntiat absentem debere). Alle diese Maßnahmen sind mit dem Recht des Formelprozesses, das der Stadtprätor zur Zeit Julians handhabt, schlechthin unverträglich. Wie wir wissen, liegt dem Kläger, nicht dem Beamten, die Pflicht ob, den Gegner vors Gericht zu stellen, und als Zwangsmittel gegen Personen, die sich nicht finden lassen, ist die missio in bona bezeugt: eine Einrichtung, die zwecklos wäre, wenn sich ein Urteil in Abwesenheit des Verklagten hätte erreichen lassen.

Nun enthält aber auch fr. 75 cit. kein einziges Wort, mit dem gerade auf den Stadtprätor hingewiesen wäre.[63] Nichts

---

[59] Das Verhältnis des Formelverfahrens zum Kontumazialprozeß erörtert Steinwenter a. a. O. 106—108; dazu 13 f. Seine Fragestellung halte ich nicht für genügend.

[60] S. oben S. 42 A. 12.

[61] Eine Ausnahme macht Samter Nichtförm. Gerichtsverf. 100, der neben D. 5, 1, 75 D. 2, 12, 1, 1 anführt und in beiden Stellen das Versäumnisurteil ,als allgemein geübt' bezeugt findet.

[62] Überliefert ist als Buchziffer: 36. Dahin paßt aber fr. 75 cit. gar nicht; dagegen vorzüglich ins Buch 46. Vorgeschlagen ist diese Berichtigung von Lenel, angenommen von P. Krüger.

[63] Insbesondere nicht mit der von Paulus in der beigefügten Note genannten 'actio iudicati', die allerdings von Eisele Abhandlungen z. röm.

hindert uns also, den Text auf einen Beamten mit extra-
ordinärer Gerichtsbarkeit zu beziehen, u. z. auf den *praetor
fideicommissarius*.[64] Vermutlich war dies auch ehedem aus dem
echten Text klar zu ersehen, sei es daß der Entstehungsgrund
des verfolgten *debitum*[65] genannt, sei es daß statt des farblosen
'*debitum petere*' '*fideicommissum petere*' gesetzt war. Die Kompilatoren freilich konnten Julians Darlegung um so besser ge-
brauchen, je allgemeiner sie gefaßt war. Sehr möglich also,
daß sie deshalb ein Wort wegstrichen oder änderten.

Das zweite oben genannte Fragment[66] (Ulp. 2189) handelt
von der Übertragung des Grundsatzes, den ungehorsam Ausbleibenden zu verurteilen, der bisher nur *secundum morem privatorum iudiciorum* Geltung hatte, ins öffentliche Strafverfahren.
Wie die Gegenüberstellung des Kriminalprozesses zeigt, ist hier
als ‚privat' dasjenige Verfahren anzusehen, welches in privaten

---

Zivilproz. (1889) 186 f. sehr arg mißverstanden ist. Der Jurist aber will
sagen: unter den näher bezeichneten Voraussetzungen sei das Kontumazurteil rechtsunwirksam. Bei sofort klar erkennbarem Tatbestand habe
daher der Prätor 'die gerichtliche Verfolgung der Urteilsschuld' ('*actionem
iudicati*'), die regelmäßig durch amtlich bewilligte Exekution, in seltenen
Ausnahmefällen durch Zulassung eines neuen Prozesses erfolgt, von
vornherein zu versagen (*denegandam*), oder, wenn er sie doch schon
bewilligt habe, dürfe er die Vollstreckung eines solchen Urteils nicht
zu Ende (nicht zum Ziele) führen (*exsequi praetorem ita iudicatum non
debere*). — Der Einwand, daß ein Urteil im Extraordinarverfahren keine
actio iudicati, sondern *pro iudicati* begründe, ist schon von Eisele a.a.O.
183—185 völlig beseitigt (einverstanden Lenel Edictum ² § 202 S. 398
und Girard Mélanges de dr. rom. 1, 289 Anm.). Nicht minder haltlos
aber wäre das Bedenken, daß die aus einer Sentenz des Prätors ent-
springende Urteilsschuld und ihre Verfolgung nicht *actio* (*iudicati*)
heißen könne. Man vergleiche vor allem Modestin D. 42, 1, 27, ferner
Scaev. D. 19, 1, 52, 2, D. 31, 89, 4, D. 32, 41, 8, Ulpian D. 5, 1, 52 pr.,
D. 50, 16, 178, 3, Paul. D. 50, 16, 34, Marcian D. 40, 5, 55, 1. Die '*actio*'
setzt also Verfolgbarkeit im Formelprozeß nicht voraus. Daher durfte
sich Paulus im fr. 75 D. 5, 1 dieses Wortes bedienen, obwohl ein etwaiger
Prozeß über die Gültigkeit des Kontumazurteils *extra ordinem* zu erledigen war. Im letzteren Punkt würde jetzt (1907) auch Lenel zustimmen; s. Edictum ² § 226 S. 430. — Am eingehendsten und besten
ist fr. 75 cit. von Wenger Actio iudicati 224 f. 232—241 erläutert.

[64] Diese Deutung ist vorlängst von Eisele a. a. O. 186, 53 (mit unzutreffender
Begründung) und später von Wenger a. a. O. 233 angenommen.

[65] Ein '*debere*' aus Fideikommissen bezeugt Ulpian D. 50, 16, 178, 3.

[66] Ausführlich besprochen ist es in meiner Anklage 57—60.

Sachen stattfindet, mithin der Zivilprozeß im heutigen Sinne.[67] Sagt nun etwa Ulpian, daß Kontumazurteile überall im Gerichtsverfahren über Privatrechte statthaft seien? Zutreffend bemerkt schon Kipp[68] gegen O. E. Hartmann, daß der Text uns keineswegs nötigt, an alle Arten des Zivilprozesses zu denken.

Sind somit die zuletzt besprochenen Zeugnisse Julians und Ulpians gleich ungeeignet, die vorherrschende Ansicht über die Begrenzung des klassischen Ungehorsamsverfahrens zu widerlegen, so wird doch die übliche Lehre auf Grund des fr. 1 D. 2, 12 einen ergänzenden Zusatz aufnehmen müssen.

Vom Standpunkt des Prozeßhistorikers betrachtet ergeben sich innerhalb des Römerreichs drei zu scheidende Gebiete: Rom, Italien und die Provinzen. Am zähesten hält die Hauptstadt an dem alten, aus der Republik ihr überkommenen Rechte fest. Zwar führen die Kaiser auch für Rom wichtige Neuerungen ein, indem sie Formen des öffentlichen Rechts auf den Streit in gewissen Privatsachen ausdehnen. Allein die Reform bleibt beschränkt auf die Gerichte der Konsuln und der neueren Prätoren. Dagegen der Stadt- und der Fremdenprätor begnügen sich mit der Leitung des Vorverfahrens, lassen die Parteien wie ehemals ihr Streitverhältnis *per concepta verba* begründen und gestatten ihnen, als Urteiler einen Privatmann anzunehmen. Nachweisbar sind Volksrichter noch bis in die Zeit der Severe; ebensolang wird auch die Bestellung des Judex das alte Gepräge bewahrt haben.

War aber der Stadtprätor der Hüter eines im Kerne privatrechtlich gedachten Verfahrens, so ist es nur begreiflich, daß er sich ablehnend verhielt gegen die Anwendung von Grundsätzen eines wesentlich anders gearteten Prozesses, daß er insbesondere in Sachen des Formelprozesses keine amtliche Ladung bewilligte und daher kein Kontumazurteil aussprach.

Der Hauptstadt pflegt man sofort die Provinzen gegenüberzustellen. In diesen Ländern entfällt vor allem die stadtrömische Sonderung der Gerichte, je nachdem Ordinar- oder Extraordinarsachen in Frage kommen. Die Vereinigung aber

---

[67] Vgl. oben S. 24 A. 23ª.
[68] Litisdenuntiation 141, 19.

der Privatrechtspflege in der Hand des Statthalters förderte sicher in hohem Maße die Entwickelung einer vollen, die Judikation miteinschließenden Gerichtsbarkeit, die auch Sachen befaßt, deren Entscheidung in Rom Privatrichtern vorbehalten war.

Auf diese kaum bestreitbaren Tatsachen, dann auf Nachrichten, welche die amtliche Ladung und das Kontumazverfahren in Ägypten betreffen, zuletzt auf Aurelius Victor 16, 11 ist oben (S. 45 f.) der Wahrscheinlichkeitsschluß gestützt, daß in den Provinzen, u. z. schon im zweiten Kaiserjahrhundert, ein Ungehorsamsprozeß anerkannt war, dem auch Ordinarsachen unterlagen.

Wirksam verstärkt wird dieser Beweisversuch durch Ulpians Darlegung im fr. 1 D. 2, 12, obwohl der Jurist hier weder Rom noch die Provinzen im Auge hat. Wenn aber im italischen Juridikat ein Gedanke nochmals verwirklicht ist, der mitbestimmend war für die Einrichtung der Statthalterschaften in den überseeischen Ländern, so wird es erlaubt sein, ein Zeugnis, das vom ersteren handelt, zur Ergänzung dessen zu benutzen, was wir von der Prozeßordnung der Provinzen wissen.

Fr. 1 cit. läßt, unbefangen gewürdigt, keinen Zweifel über die Anwendung des Kontumazverfahrens auf Ordinarsachen. Wir gehen aber kaum fehl mit der Annahme, daß dieser Satz seinen Ursprung in den Provinzen hat und von daher zunächst in das Gerichtsrecht der italischen Juridici übernommen ist. Als allgemeines Reichsrecht ist er zuerst unter Diokletian nachweisbar. Erst zuletzt wird er aus den Nachbarbezirken in die Hauptstadt gelangt sein, wo das alte Schiedsverfahren die festesten Wurzeln hatte, und wo vermutlich der Widerstand gegen das neue, grundverschiedene und rein staatliche Prozeßrecht am nachhaltigsten wirkte.

Abkürzungen.

Ar. = Arabische Version des Syrisch-römischen Rechtsbuchs.

Arch. f. Pap. F. = Archiv für Papyrusforschung.

Arm. = Armenische Version desselben Rechtsbuchs.

BGU = Ägypt. Urkunden der Museen zu Berlin. Griechische Urkunden.

CIC = Corpus iuris civilis.

CIL = Corpus inscriptionum latinarum.

CPR = Corpus papyrorum Raineri I.

Festgabe = Festgabe f. Georg Beseler 1885.

IG = Inscriptiones Graecae.

Krit. Vtljschr. = Münchener Kritische Vierteljahresschrift f. Gesetzgebung.

L. = Syrische Version d. Syr.-röm. R. B. aus der Londoner Handschrift.

Len(el) = O. Lenel Palingenesia iuris civilis.

P. = Syrische Version d. Syr.-röm. R. B. aus der Pariser Handschrift.

P. Giss. = Griech. Papyri im Museum d. Geschichtsvereins zu Gießen.

P. Hamb. = Griech. Papyrusurkunden der Hamburger Stadtbibliothek.

P. Lips. = Griech. Urkunden der Papyrussammlung zu Leipzig.

P. Lond. = Greek papyri in the Brit. Museum.

P. Oxy. = The Oxyrhynchos-Papyri.

P. Straßb. = Griech. Papyrus der Universitäts- und Landesbibliothek zu Straßburg i. E.

Partsch L.T. Praescr. = Partsch Die longi temporis praescriptio.

Pauly-Wissowa R. E. = Realencyclopädie der class. Altertumswissenschaft. Die römischen Ziffern weisen auf die Vollbände der ersten Reihe hin. Die zweite Reihe und die Supplementbände sind als solche bezeichnet.

R. I. II. III = Syrische Version des Syr.-röm. R. B. aus den drei römischen Handschriften.

Sächs. Berichte = Berichte der Kgl. Sächsischen Gesellschaft der Wissenschaften zu Leipzig. Philologisch-historische Klasse.

Sav. Z. R. A. = Zeitschrift der Savigny-Stiftung f. Rechtsgeschichte. Romanistische Abteilung.

Z. = Zeitschrift oder Zeile.

Berichtigungen.

S. 3 Z. 2 ist be- zu tilgen.

„ 7 Z. 1 lies Ädilen.

„ 15 Anm. 9 lies Ratsvorsteher statt Rechtsvorsteher.

„ 45 in der letzten Zeile ist die Ziffer der Anm. 20 ausgefallen.

Sachenregister.

Quellenregister.

Beiträge zur Texteskritik.

Inhalt.*

---

* Ein Vorbericht über den Inhalt der vorstehenden Abhandlung ist im Anzeiger der
phil.-hist. Kl. der Akademie Jg. 1918 Nr. XXIII S. 179—183 abgedruckt.

interpoliert für *'iuridicus'*. — Das Verfahren im Gerichte der
italischen Juridici: in Ordinarsachen verstaatlichter Formel-,
im übrigen Extraordinarprozeß. — Zulässigkeit von Kontumaz-
urteilen der italischen Rechtspfleger. — Julian l. 36 (46) dig.
D. 5, 1, 75. — Ulpian l. 7 de off. proc. D. 48, 19, 5 pr. — Ausdehnung des Kontumazprozesses von den Extraordinar- auf die
Ordinarsachen zuerst in den Provinzen, dann in den italischen
Juridikatsgerichten, zuletzt in Rom.

SEVERUS
Verlag

Ebenfalls im SEVERUS Verlag erhältlich:

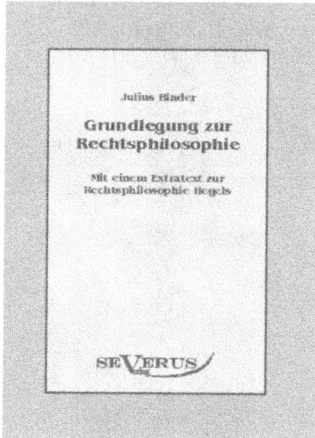

Julius Binder
Grundlegung zur Rechtsphilosophie
Mit einem Extratext zur
Rechtsphilosophie Hegels
SEVERUS 2010 / 272 S./ 29,50 Euro
ISBN 978-3-942382-29-8

"Als Mitinitiator des Neuhegelianismus war Julius Binder (1870 - 1939) einer der bedeutendsten Vertreter auf dem Gebiet der Rechtsphilosophie. Die Fundamente seiner Philosophie des Rechtes entwickelte er in der vorliegenden Schrift. Ergänzend befindet sich zudem ein Beitrag zur Interpretation der Hegelschen Rechtsphilosophie in diesem Buch. Binder wurde am 12. Mai 1870 in Würzburg als Sohn einer Juristen- und Theologenfamilie geboren. Nach dem Studium der Rechtswissenschaften in München und Würzburg habilitierte er sich 1898 und wurde anschließend außerordentlicher Professor in Rostock, Erlagen, Würzburg und Göttingen. Binder verstarb am 28. August 1939 in Starnberg bei München."